음악형식의 이론과 분석

MUSICAL FORM: THEORY AND ANALYSIS

음악형식의 이론과 분석

MUSICAL FORM: THEORY AND ANALYSIS

펴낸곳	도서출판 모노폴리
펴낸이	강정미
등록번호	제2005-48호
등록날짜	2005년 8월 9일
주소	(우) 10881 경기도 파주시 회동길 480 아트팩토리 B동 437호
전화	031-944-6692
팩스	031-944-6693
홈페이지	www.mpmusic.co.kr
저자	송무경, 안소영, 김예진, 김유미, 노재현, 송세라, 신동진, 정희원
편집진행	신동욱
북디자인	온스테이지
1판 1쇄	2024년 2월 27일
2쇄	2025년 9월 15일
ISBN	978-89-91952-83-6 (93670)
값	25,000원

음악형식의 이론과 분석

MUSICAL FORM: THEORY AND ANALYSIS

송무경, 안소영(책임 저자)

김예진, 김유미, 노재현, 송세라, 신동진, 정희원

모노폴리

서문

음악형식, 형식과 분석, 또는 악식론 등의 이름으로 대부분의 음악대학과 음악학과에서 개설되는 이 교과목은 화성'학'이나 대위'법'의 위계에 못 미치는 '론'이라는 단어와 결합하여 유통된다. 다시 말해, 음악형식론이나 분석론은 이 과목의 내용을 보여주는 자연스러운 이름이겠으나 '형식법'이나 '형식학'의 명칭은 매우 낯선 조합임이 틀림없다. 이러한 단어 용례는 음악형식의 논의가 음악이론의 다른 주요 영역인 화성학이나 대위법만큼 많은 이들이 합의할만한 수준으로 이어지지 못했음을 시사한다. 이러한 까닭으로 우리는 전문 지식을 갖춘 학자들의 합의가 필요했고, 여러 의견이 존재하는 개념과 용어에 대해 통일된 시각을 갈구했다. '우리'의 결성과 다양한 시각을 일관된 목소리로 다듬는 과정에서 한국서양음악이론학회(KSMT)는 든든한 보호막이 되어 주었다. 한국서양음악이론학회에서 활동하는 전문 음악이론가인 우리는 뜻을 모아 1년여 전부터 음악형식에 대한 연구 작업을 시작하였고, 그 노력이 드디어 이 책으로 결실을 보게 되었다. 우리는 음악형식의 주제에 따라 챕터를 각자 나누어 쓰기 전에 충분한 토의를 거쳤고 음악형식을 공부하게 될 많은 학생들이 동일한 개념에 대한 다른 용어로 불필요한 혼란을 겪지 않도록 최대한의 합의를 끌어내었다.

음악형식의 많은 세부가 합의되지 못한 채 유통되는 근본적인 까닭은 작품과 분석, 나아가 창작과 이론 간의 지향점이 매우 다르기 때문이다. 뉴그로브 음악사전의 '음악형식'에 관해 글을 쓴 영국의 음악학자 휘탈(Arnold Whitall)은 "이론은 작품을 일반화하는 경향이 있지만, 창작은 작품을 개별화한다"라고 말하였는데, 이것이 바로 두 진영이 취하는 사고방식의 '다름'을 잘 보여준다. 자기 작품을 독창적으로 만들려는 작곡가와 독창적인 작품의 보편성에 주목하며 작품을 일반적인 분류 속에 끼워 넣으려는 분석가 사이에서 유발되는 긴장감 속에서 합의점을 찾아야 하는 것이 바로 음악형식론을 바탕으로 한 악곡 분석이다. 그렇기에 A라고 정의하고 명명한 악곡에 A에 속하지 않는 B나 C의 특징이 나타나는 상황을 종종 마주하게 되고, 분석가는 제기된 반론에 자신의 결정을 옹호할 또 다른 특징들을 찾아 긁어모아야 하기도 한다.

독창성 속에 존재하는 보편성, 반대로 보편성 속에서 빛나는 독창성을 찾아내기 위해 우리는 보편적 기준이 필요하다는 데 뜻을 모았다. 음악형식을 부분형식, 소나타형식, 론도형식, 협주곡형식의 네 개 범주로 나누었고 이들이 갖는 보편적 원리와 전형을 설명하였다. 이에 앞서 형식 결정의 요인과 형식을 구성하는 작은 단위 이를테면, 악구, 악절, 센텐스 등에 대한 학습을 선행했다. 이로써 구성된 여섯 개의 장은 한 학기 3학점의 시수에 적합하게 운영되기를 희망한다. 물론 교수자의 교수 속도와 상세한 정도, 그리고 학생들의 페이스는 이 책의 기획 의도와 다르게 사용될 수 있다. 만약 두 학기 동안 음악형식을 다루게 되어 있다면, 이 책에서 지면상 다루지 못한 추천 작품들에 대한 들여다보기와 글쓰기로 학습 내용이 확장될 수 있을 것이다. 개별 악곡이 갖는 독창성을 부각하기 위한 소중한 작업은 이 교과를 잘 활용해줄 교수자에게 맡긴다. 또한 학문적인 궁금증을 갖고 개별 작품을 끊임없이 탐구할 독자에게 그러한 작업을 부탁하는 바이다.

이 책이 갖는 몇 가지 장점과 구성상의 특징은 다음과 같다. 첫째, 우리는 단원 시작에 '학습 목표'를 제시하여 무엇을 학습할지 그 목표를 분명히 하고자 하였으며, 단원 끝에 '요약'을 두어 학습자가 핵심 내용을 간과하지 않도록 하였다. 또한 '용어' 코너를 별도로 마련하여 주요한 용어와 개념을 정리할 수 있도록 하였다. 둘째, 단원 이해를 위한 적절한 악곡을 '실습 문제'로 제시하였으며, 각 사례에 대한 문항을 주어 이해를 도모함은 물론, 시험 형태에 익숙하여지고자 하는 학습자의 필요를 제고하였다. 또한, 각 문항에 대한 모범답안을 마련하여, 학습자가 즉시 자신의 학습 결과에 대한 평가를 할 수 있도록 하였다. 셋째, 각 장에서 개별 형식에 관한 역사적인 근원과 맥락을 설명하였다. 이로써 근본적으로 공시적인 시각에 입각한 음악형식에 관한 탐구가 역사적 맥락을 고려할 때 더욱 온전히 이루어질 수 있음을 간과하지 않았다.

이 책이 나오기까지 많은 분의 크고 작은 도움과 배려가 있었다. 이 책의 기획 의도에 동의해 아낌없는 후원은 물론 출판을 기꺼이 허락해주신 모노폴리 출판사와 책의 교정과 악보 사보 등의 여러 단계에서 열심을 다 해 도와준 김지인 조교에게 고마운 마음이다. 한 개인의 저작이 아닌, 학회를 통해 맺어진 전문가 8인의 지성으로 만들어진 이 책이 음악형식의 교수학습에 효율적인 교재로 널리 통용되기를 희망한다.

2024년 2월

저자 일동

일러두기

조성음악에서 형식에 관한 논의는 화성에 대한 통찰 없이 이루어질 수 없다. 종지의 파악은 물론, 악곡의 전개 과정을 살필 때 배경이 되는 화성에 대한 고찰은 매우 중요하다. 이 책은 쉥커(Heinrich Schenker, 1868~1935)의 화성에 관한 생각을 인용하였다. 가령 한 개의 주요한 화음이 긴 패시지 동안 작동하고 있다는 개념인 '위계'와 '연장'은 바로 쉥커 이론가들의 중심 개념이다. 이에 입각해 서너 개의 화음들을 브래킷으로 묶어 연장되는 중요한 화음을 아래에 적어 주는 방식을 적극 활용하였다. 그럼으로써 악구, 악절, 나아가 보다 큰 형식 단위 안에 작동하는 조성음악의 통사론을 보이고자 하였다.

화성 기호에 관해서는 화음의 성질에 따라 로마숫자 대소문자를 구분하고 위첨자로 감3화음과 증3화음, 그리고 7화음의 성질을 구분하고자 하였다. 형식 분석에서 기본이 되는 종지의 표시는 PAC, HC 등의 영어 약자로 하였다. 또한, 이를 문장으로 가지고 와 "PAC한다"와 같이 서술어로 사용하여 문장이 길어지는 것을 방지하였다.

이 책은 국내와 북미권의 여러 형식 교재의 내용을 비판적으로 또 선택적으로 수용하고 있다. 베리(Wallace Berry), 벤워드(Bruce Benward), 그린(Douglass McGreen)의 음악형식에 관한 고전적인 논의 외에도 캐플린(William E. Caplin)의 시각도 적지 않게 반영되어 있다. 악절과 센텐스, 그리고 이 둘의 부분적 조합으로 주제 유형을 설명하려는 캐플린의 방식은 모두를 수용하는 대신 '선택학습'이라는 이름으로 남겨 두었다. 캐플린의 하이브리드 유형은 주제 구성 방식에 따른 세세한 분류를 제시하였으며, 다양한 주제의 전개 방식에 주목하였다는 장점이 있다. 그러나 교수법적인 관점으로 봤을 때 네 가지의 하이브리드 유형이 여전히 모든 경우를 설명할 수는 없고, 학생들이 센텐스와 유사악절을 학습한 후 하이브리드의 네 가지 분류법을 추가로 학습하고 기억해야 하는 부담이 있다. 따라서 교수자는 수업의 수준에 따라 하이브리드 유형을 생략할 수 있으며, 이를 보다 폭넓게 가르치고자 한다면 캐플린의 『고전적 형식 분석: 수업을 위한 접근』(*Analyzing Classical Form: An Approach for the Classroom*, 2013) 3~4장을 참고하면 좋겠다.

저자 일동

차례

IV. 소나타형식

V. 론도형식

VI. 협주곡 형식

I. 종지, 화성구문론, 연장
cadence, hamonic syntax, prolongation

❖ 종지의 역할과 그 종류를 말할 수 있다.
❖ 악곡에서 종지를 찾아 표시할 수 있다.
❖ 화성구문론을 설명할 수 있다.
❖ 악곡에서 작동하는 연장과 화성구문론을 찾을 수 있다.

음악 형식을 분석하기 위해서는 화성학에 대한 선행 학습이 필요하다. 본 장에서는 형식에 대한 본격적인 학습에 앞서 조성음악의 거시적 흐름을 조망하기 위한 기초 내용인 '종지'(cadence), '화성구문론'(harmonic syntax), '연장'(prolongation)에 대해 간략히 학습한다.

1. 종지

종지란 음악적 흐름이 일단락되는 지점이다. 조성음악에서 종지는 특정 화성진행에 의해 결정되는데, 그 종류에는 '정격종지'(authentic cadence), '반종지'(half cadence, HC), '허위종지'(deceptive cadence, DC), '변격종지'(plagal cadence, PC)의 네 가지가 있다. $V^{(7)}$–I에 의해 형성되는 정격종지는 그 강도에 따라 '완전정격종지'(perfect authentic cadence, PAC)와 '불완전정격종지'(imperfect authentic cadence, IAC)로 나뉜다. 딸림화음과 으뜸화음이 모두 기본위치로 되어 있고 으뜸화음의 최상성부에 으뜸음이 놓이면 종결감이 매우 강한 완전정격종지, 이 두 개의 조건 중 하나라도 충족되지 않으면 불완전정격종지가 된다. 목표점으로서 V에 도착해 종지가 형성되면 반종지, 으뜸화음이 기대되는 상황에서 vi가 나와 그 기대가 좌절되면 허위종지(V–vi), 정격종지 후 IV–I가 나와 종지의 여운을 생성하면 변격종지가 만들어진다.

종지는 악구 수준의 작은 단위에서 큰 단위에 이르기까지 미시·거시적 형식의 구분에 관여하는 가장 중요한 요소이다. 종지가 갖는 구조적 중요성은 고전음악에서 선행악구와 후행악구에 바탕을 둔 악절 구성이 자리 잡게 되면서 증대하였다. 반종지는 음악이 계속 진행될 것 같은 느낌을 주며 일시적인 중단을 끌어내지만, 완전정격종지는 강한 종결감을 주며 단락이나 악곡을 끝맺는다. 그 밖의 불완전정격종지, 변격종지, 허위종지는 다소 드물게 나타난다. 전위된 $V^{(7)}$–I의 진행은 불완전정격종지를 형성한다기보다는 으뜸화음이 계속되는 것으로 들리며, 변격종지는 완전정격종지 이후 으뜸화음의 영역을 확장하는 수단으로, 허위종지는 악구의 확장을 위한 방법으로 사용된다. 따라서 구조적으로 중요한 종지는 완전정격종지와 반종지이다.

예1-1은 악구-악절 구조에서 볼 수 있는 가장 일반적인 종지의 용례를 보인다. G장조의 으뜸화음으로 시작된 선율은 마디4에서 V에 도착하며 반종지를 이룬다. 반종지를 통해 선율은 잠시 쉰다. 바로 뒤이어 I를 배경으로 선율이 다시 시작하고 마디8에 이르러 완전정격종지로 마친다. 이처럼 선행악구와 후행악구 사이에 종지의 약-강 관계가 성립하면 '악절'이 만들어진다 (악구-악절은 제2장에서 자세히 학습한다).

▶ 예1-1. 베토벤, <G장조 소나티나>, Anh. 5, '로망스,' 마디1-8

반종지와 완전정격종지의 구조적 중요성은 거시적 형식에서도 중요하게 작용하는데, 완전정격종지는 원조나 새조의 조성을 확립시키며 악곡의 완전한 종결을 이루어낸다. 거시적 구조에서 반종지는 '연결'의 역할을 주로 하는데, 경과구나 중간 부분에서 다음 부분으로의 자연스러운 연결을 위해 사용되는 경우가 많으며, 딸림화음의 연장을 매듭짓는 목표점으로 작용하기도 한다.

2. 화성구문론

조성음악에서 화성진행은 '으뜸화음'(tonic, T)과 '딸림화음'(dominant, D)을 통해 그 골격이 형성된다. 모든 작품이 예외 없이 그런 것은 아니지만, 조성음악은 으뜸화음에서 시작하여 딸림화음을 통해 으뜸화음으로 끝난다. 이러한 과정 중간에 으뜸화음이나 딸림화음의 연장이 나타나거나 다른 화음들이 끼어들어 화성진행이 확장되기도 한다. 으뜸화음과 딸림화음을 제외한 나머지 3화음의 주요 기능을 정리하면 다음과 같다.

1) ii와 IV는 '딸림 예비화음'(pre-dominant, PD) 또는 '중개화음'(intermediate harmony)으로서 딸림화음의 도착을 준비하는 역할을 한다. 전위는 물론 7화음(ii⁷)으로도 자주 쓰인다. 으뜸화음 사이의 IV는 으뜸화음을 연장하는 '보조화음'(neighboring chord)으로 기능한다.

2) vii°는 이끎음을 포함하기 때문에 주로 딸림화음의 대체화음으로 사용된다. vii°의 7화음도 동일한 기능을 하며 으뜸화음 사이에 끼어서 으뜸화음을 연장하는 수식 화음으로 쓰인다.

3) vi와 iii는 으뜸화음과 중개화음 사이에 끼어 베이스의 움직임을 부드럽게 한다. I–iii–IV, I–vi–IV(ii⁶) 등으로 나타나며, 여러 변형이 존재한다.

조성음악의 일반적인 화성진행은 **도식1–1**과 같이 정리할 수 있다.[1] 도식1–1은 으뜸화음이 중개화음을 통해 딸림화음에 도착하고 다시 으뜸화음으로 돌아가는 화성구문론을 보여준다. 화성구문론의 T–(PD)–D–T의 골격은 18–19세기 조성음악에서 나타나는 표준적 화성진행이다. 도식에서 괄호에 싸인 화음들은 생략될 수 있으며, 화살표는 화살표가 명시한 방식으로 진행할 수 있음을 보인다.

▶ 도식 1–1. 조성음악의 화성구문론

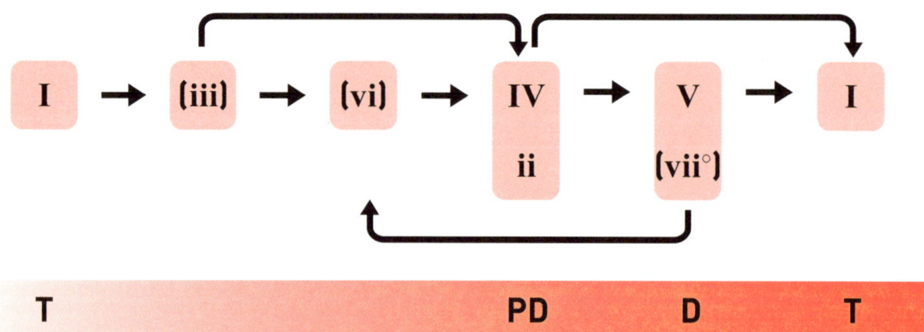

예1-2는 짧은 두 개의 악구 구성이 조성음악의 표준적 화성진행을 집약적으로 보여준다. C장조의 으뜸화음으로 시작해 딸림화음을 통해 으뜸화음을 연장하다가(I-I⁶), 마디3에서 중개화음인 IV와 ii⁶을 거쳐 마디4의 딸림화음에 이르러 반종지한다. 뒤이어 시작한 수식된 선율은 동일한 화성진행 위에서 전개되다가 V⁷-I에 이르러 완전정격종지한다. 각 악구의 화성진행은 앞서 표준으로 제시한 화성구문론 T-(PD)-D-T에 부합한다.

▶ **예1-2. 모차르트, <마술피리>, K. 620, 1막, 피날레 중 Andante, 마디1-8**

이와 같은 화성구문론은 악곡의 미시적 화성진행뿐만 아니라 거시적 화성진행에도 작용하는데, 2부분형식, 3부분형식, 소나타형식, 론도형식과 같은 큰 형식 구성의 부분별 조성 관계에서 드러난다. 거시적 수준에서 작용하는 화성구문론은 이 책에서 앞으로 살펴볼 흥미로운 주제 중 하나이다.

3. 연장

연장은 화성진행을 더 높은 수준에서 듣고 또 분석하게 해주는 개념이다. 우리는 연장을 통해 화음들의 미시적 연결 과정에 작동하고 있는, 보다 거시적이고 중요한 화음을 선택할 수 있다. 연장이란 중요한 화음 하나가 다른 수식 화음들을 지나서도 영향력을 미치는 상태를 뜻한다. 예1-2에서 C장조의 첫 으뜸화음은 마디2에서 딸림화음을 만나도 그 영향력이 유지되는 것으로 들리는데, 이러한 현상을 '으뜸화음의 연장'이라 부른다. 으뜸화음의 연장은 브래킷으로 묶고, 아래에 I라고 써서 표시한다.

예1-3은 연장의 또 다른 사례를 보인다. 딸림화음이라도 으뜸화음 사이에 끼어 으뜸화음을 연장하는 '수식적' 딸림화음(마디1)이 있는가 하면, 종지와 같은 목표점에 위치하는 '구조적' 딸림화음(마디4)도 있다.

▶ 예1-3. 베토벤, <파이지엘로 주제에 의한 6개의 변주곡>, WoO 70, 제3변주, 마디1-4

연장은 화음 간의 상대적 중요성 즉, '위계'(hierarchy)로부터 비롯된다. **예1-4**에서처럼 브래킷으로 묶여 연장되는 화음은 구조적으로 더 중요하며, 가운데 끼인 수식적 화음은 덜 중요하다. 연장은 다양한 방식으로 나타날 수 있다. 예1-4는 으뜸화음이 수식적 화음을 통해 연장되는 대표적 사례를 보인다. 수식의 구체적 용례로는 (a)와 (b)의 경과, (c)의 보조, (d)의 지속이 있다. 용례는 베이스의 움직임에 따라 명명된다.

▶ 예1-4. 으뜸화음 연장의 사례

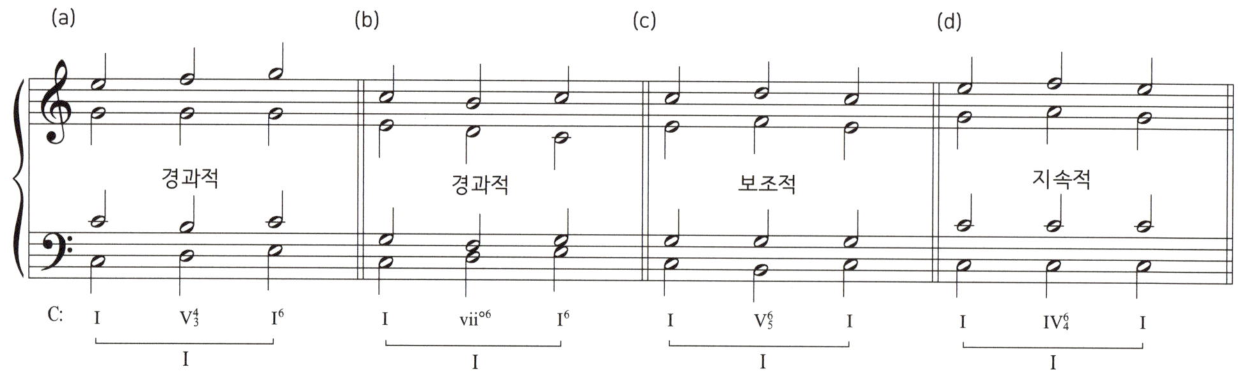

용어

종지(cadence): 음악이 진행하다가 마무리되는 지점으로 특정 화성진행에 의해 결정됨.

완전정격종지(perfect authentic cadence: PAC): $V^{(7)}$-I의 기본위치 화성진행, 그리고 I의 최고 성부에 으뜸음이 놓이는 경우

불완전정격종지(imperfect authentic cadence: IAC): $V^{(7)}$-I의 전위된 화성진행 또는 I의 최고 성부에 으뜸음 외의 음이 놓이는 경우

반종지(half cadence: HC): V로 끝나는 종지

변격종지(plagal cadence: PC): IV-I로 끝나는 종지

허위종지(deceptive cadence: DC): $V^{(7)}$-vi로 끝나는 종지

연장(prolongation): 중요한 화음이 수식 화음들을 지나서도 영향력을 미치는 상태

화성구문론(harmonic syntax): 18-19세기 조성음악에서 나타나는 화성진행의 원리로 으뜸화음으로 시작해 중개화음을 통해 딸림화음에 도착하고 다시 으뜸화음으로 돌아가는 표준적 화성진행

실습 문제 1

1. 다음은 베토벤의 <첼로와 피아노를 위한 12개의 변주곡>, WoO 45의 테마 중 마디1-8이다. 아래의 질문에 답하시오.

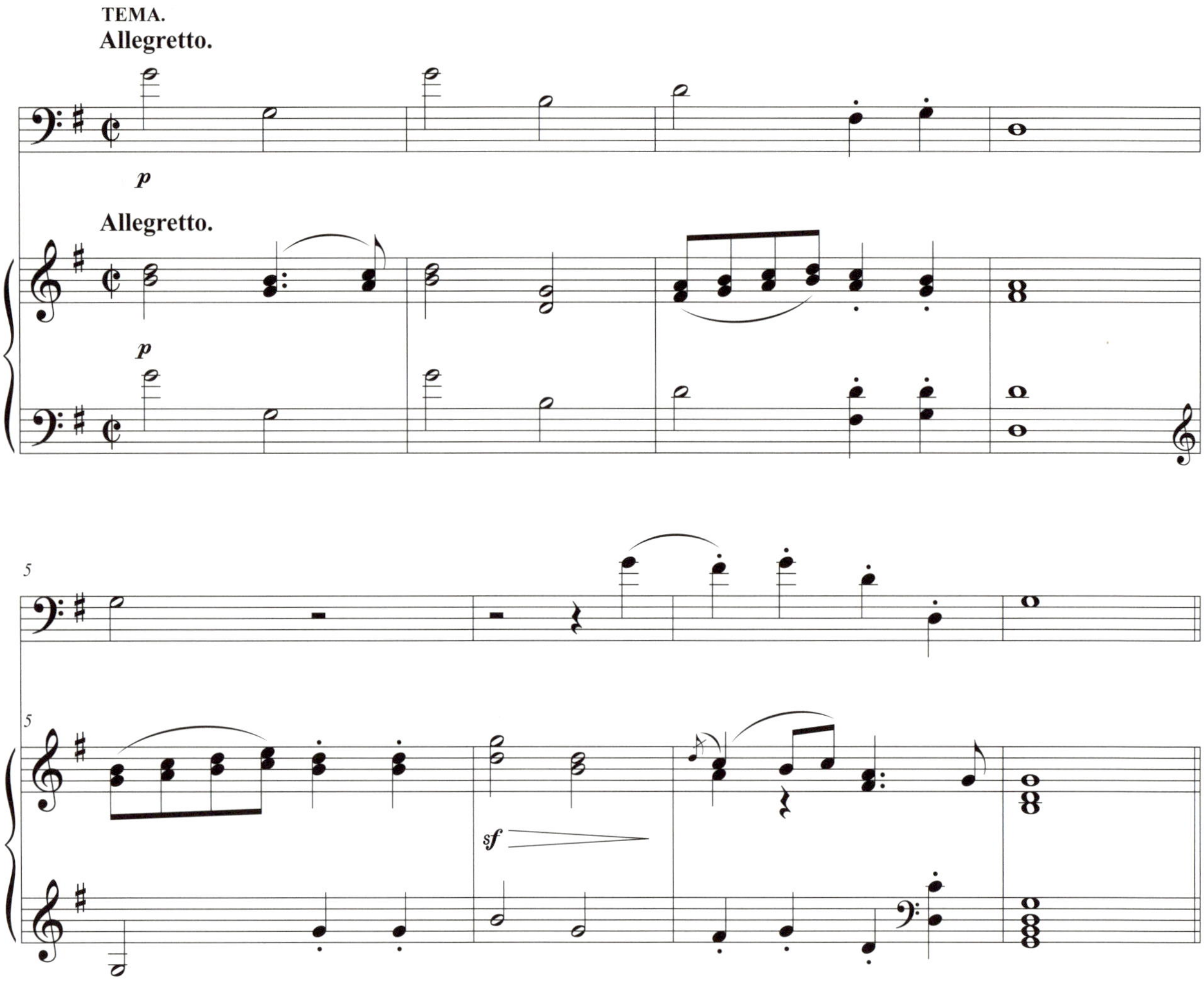

1) 악곡의 화성을 분석하시오. 선율의 움직임과 화성진행을 고려하여 종지를 표기하시오.

2) 화음의 연장이 나타나는 부분은 브래킷을 사용하고 그 아래에 연장되는 화음을 적으시오.

모범답안

1) & 2)

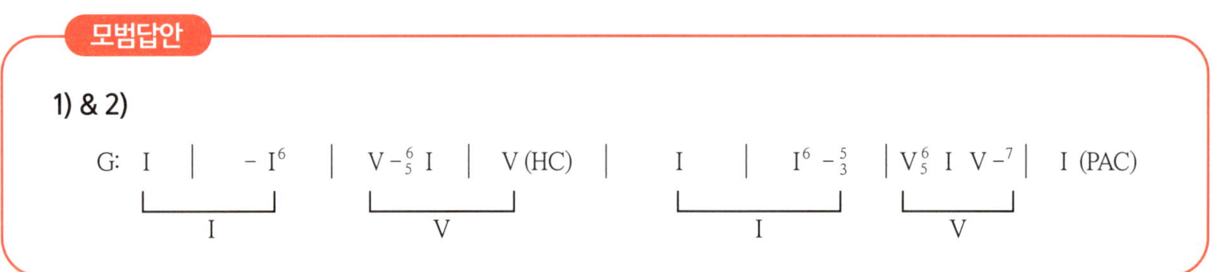

2. 다음은 하이든의 <교향곡 제98번>, Hob I:98의 제4악장 중 마디1–8이다. 아래의 질문에 답하시오.

1) 악곡의 화성을 분석하시오. 선율의 움직임과 화성진행을 고려하여 종지를 표기하시오.

2) 화음의 연장이 나타나는 부분은 브래킷을 사용하고 그 아래에 연장되는 화음을 적으시오.

1) & 2)

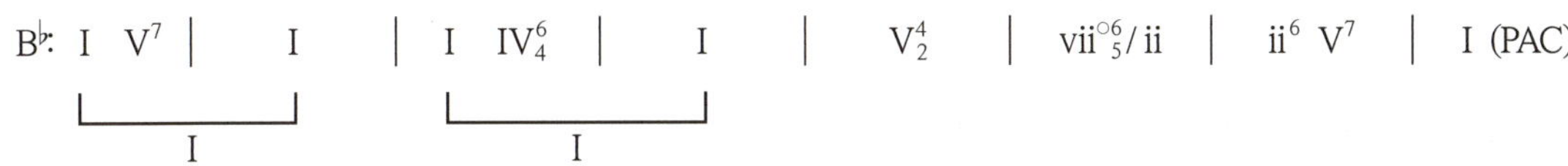

*주의: 마디1–4까지 I의 연장이 나타나기 때문에 종지가 형성되지 않는다.

3. 다음 주어진 악곡은 차이콥스키의 <사계 제6번>, Op. 37a, '뱃노래'의 마디1–12이다. 아래 질문에 답하시오.

1) 악곡의 화성을 분석하시오. 선율의 움직임과 화성진행을 고려하여 종지를 표기하시오.

2) 화음의 연장이 나타나는 부분은 브래킷을 사용하고 그 아래에 연장되는 화음을 적으시오.

1) & 2)

$$g:\ i\ |\ \ i\ \ |\ i\ \ vii^{\circ 6}\ |\ i^6\ ii^{\emptyset 6}_5\ |\ i^6_4\ V^7\ |\ i\ (PAC)\ |\ i\ V^6_5/III\ |\ III\ VI^{M6}_5$$

$$\underbrace{\qquad\qquad\qquad}_{i}\qquad \underbrace{\qquad}_{V}$$

$$ii^{\emptyset 7}\ V^6_5\ |\ i\ \ ii^{\circ 6}\ |\ i^6_4\ [vii^{\circ 7}/V]\ V^{\flat 9}\ |\ i\ (PAC)$$

$$\underbrace{\qquad\qquad}_{V}$$

마디6–12의 악구는 마디1–5에 비해 확장되어 마디10이 아닌 마디12에서 PAC한다.

4. 다음 주어진 악곡은 쿨라우의 <피아노 소나티나 제4번>, Op. 55, 제2악장의 마디1-27이다. 아래 질문에 답하시오.

1) 전체 악곡의 화성을 분석하시오. 선율의 움직임과 화성진행을 고려하여 종지를 표기하시오.

2) 화음의 연장이 나타나는 부분은 브래킷을 사용하고 그 아래에 연장되는 화음을 적으시오.

3) 마디9–15에서 연장되는 화음은 무엇인가?

모범답안

1) & 2)

$B\flat$: I │ I │ I V$_5^6$ I │ I$_4^6$ V (HC) │ V$_2^4$ │ I^6 │ I$_4^6$ V^7 │ I (PAC)

(브래킷 I 아래 V$_5^6$ I 구간) I   (브래킷 I$_4^6$ V 구간) V   (브래킷 I$_4^6$ V^7 구간) V

V$_5^6$ │ I │ V$_5^6$ │ I │ V$_5^6$ │ I │ V$_3^4$ I │ I$_4^6$ V (HC)

(긴 브래킷) I   (브래킷 I$_4^6$ V 구간) V

I │ I │ I V$_5^6$ I │ I$_4^6$ V (HC) │ V$_2^4$ │ I^6 │ I$_4^6$ V^7 │ – I (PAC) │ V^7 I │ V^7 │ I

(브래킷) I   (브래킷) V   (브래킷) V   (브래킷) I

3) I 으뜸화음

요약

❖ 종지는 V⁽⁷⁾-I의 정격종지(AC), V로 마치는 반종지(HC), V-vi의 허위종지(DC), IV-I의 변격종지(PC)로 나뉜다.

❖ 정격종지는 V⁽⁷⁾과 I가 모두 기본위치로 되어 있고 I의 최상성부에 으뜸음이 놓일 경우 완전정격종지(PAC), 두 개의 조건 중 하나라도 충족되지 않거나 vii°-I일 경우 불완전정격종지(IAC)로 구분된다.

❖ 종지는 종지적 화성진행뿐만 아니라 선율적 맺음과 마디의 길이 등 여러 음악적 조건이 충족되어야 생성된다.

❖ 같은 화음일지라도 맥락에 따라 구조적으로 중요한 역할을 하는 화음, 그러한 구조적 화음 사이에 끼어 수식적인 역할을 하는 화음이 있다.

❖ 화성구문론은 18-19세기 조성음악에서 나타나는 표준적인 화성진행 모델로서 으뜸화음–(중개화음)–딸림화음–으뜸화음의 골격으로 대표된다.

❖ 연장과 화성구문론에 기초한 화성진행은 악곡의 표면에서뿐만 아니라 거시적으로도 나타나는 현상이다.

II. 악구, 악절, 센텐스

phrase, period, sentence

학습 목표

❖ 악구를 설명하고 구분할 수 있다.
❖ 소악구와 휴지의 역할을 설명할 수 있다.
❖ 악절을 이해하고 그 구성을 도해할 수 있다.
❖ 디자인에 따라 유사악절과 대조악절을 구분할 수 있다.
❖ 센텐스를 이해하고 그 구성을 도해할 수 있다.
❖ 이중악절을 이해하고 그 구성을 도해할 수 있다.
❖ 반복악구, 반복악절, 비전형적 악절을 이해하고 도해할 수 있다.

본 장에서는 '악구'(phrase), '악절'(period), '센텐스'(sentence), '이중악절'(double period) 등 기악곡에서 주제를 담는 형식을 공부한다.

1. 악구

악구는 종지로 끝나는 최소의 형식 단위이다. 조성음악에서 악구의 길이는 빠르기, 화성진행, 선율적 아이디어의 제시와 전개 양상에 따라 달라질 수 있으므로 그 길이를 일반화하기 어렵다. 보통빠르기의 악곡에서는 네 마디, 빠른 템포의 악곡에서는 여덟 마디, 느린 악곡에서는 두 마디가 악구를 형성하나 예외도 있다. **예2-1**은 마디4에서 반종지하는 악구이다. 악구를 뜻하는 영어의 프레이즈는 종종 '한 호흡으로 연주할 수 있는 선율', 혹은 '하나의 이음줄로 묶인 선율' 등의 의미로 유통되나, 이러한 정의는 악구가 되는 충분조건이 아니며, 반드시 끝에 종지가 와야만 악구라 부를 수 있다.

▶ 예2-1. 모차르트, <피아노소나타 제13번>, K. 333, 제3악장, 마디1-4

예2-2를 보자. 마디1-2의 종지적 화성진행은 악구가 아닌, '소악구'(sub-phrase)를 만든다. 소악구는 종지적 화성진행으로 끝맺는다 해도 그 길이가 짧고 음악적 아이디어가 완성되지 않았을 때 부르는, 악구보다 작은 형식 단위이다. 소악구에서 나타나는 일시적인 멈춤 현상을 '휴지'(caesura)라 하는데, 18-19세기 빈 작곡가들은 성악가나 관악기 연주자들이 한 호흡으로 연주하다가 숨을 쉬기 위한 일시적 멈춤 지점에 휴지(Cäsur 혹은 Zäsur)라는 용어를 사용하였고, 말러(Gustav Mahler, 1860-1911)는 이를 악보에 표기하기도 하였다. 요약하자면, 휴지는 악구보다 작은 단위인 소악구의 끝을 가리키며, 종지적 화성진행 없이 선율적 종결만 나타나는 경우도 포함한다.

▶ 예2-2. 베토벤, <피아노소나타 제1번>, Op. 2/2, 제2악장, 마디1-4

악구(phrase)의 역사

● 18세기 음악학자 마테존(Johann Mattheson, 1681-1764)은 음악과 언어의 유비를 고려하여 선율 이론의 기초를 세웠고, 문장의 구와 절을 나누는 언어학적 통사론을 바탕으로 '악구'를 정의하였다. 이후 리펠(Joseph Riepel, 1709-1782)은 악구의 길이, 종지, 유형에 대해 논의하였고, 키른베르거(Johann Philipp Kirnberger, 1721-1783)와 코흐(Heinrich Christoph Koch, 1749-1816)는 단편(Einschnitt), 악구(Satz), 악절(Period) 등의 용어를 통해 악구구조 분석을 위한 전문 용어 및 개념을 체계화하였다.

2. 악절

악구와 악구의 결합은 더 큰 형식 단위를 이룬다. 두 개의 악구 사이에 종지의 약-강이 성립될 때 이를 '악절'이라 하며, 악절을 만드는 두 개의 악구를 차례로 '선행악구'(antecedent phrase), '후행악구'(consequent phrase)로 부른다. 만약 두 악구 사이에 종지의 약-강의 관계가 성립하지 않을 경우, 악절이 아닌 '악구그룹'(phrase group)이 된다.

악절은 선행악구와 후행악구의 디자인에 따라 '유사악절'(parallel period)과 '대조악절'(contrasting period)로 구분되는데, 이때 유사악절은 '병행악절'이라고도 부른다. 악곡의 디자인을 비교할 때는 선율에 집중해야 한다. 예를 들어, 리듬이나 반주형태가 후행악구에서 변화했어도 선행악구의 선율 골격 및 윤곽이 비슷하게 유지되고 있다면 유사하다고 판단한다. 악절을 이루는 두 악구의 끝부분은 서로 다른 종지 유형으로 인해 달라지기 마련이므로, 디자인을 비교할 때는 각 악구의 시작에 집중한다.

예2-3을 보자. 선행악구(마디1-4)는 반종지, 후행악구(마디5-8)는 완전정격종지한다. 선행악구와 후행악구의 종지 간에 약-강의 관계가 성립하므로 악절을 이루며, 선행악구의 앞(마디1-3)과 후행악구의 앞(마디5-7) 디자인이 비슷하므로 유사악절이 된다.

▶ 예2-3. 모차르트, <피아노소나타 제9번>, K. 311, 제2악장, 마디1-8

예2-4를 보자. 선행악구(마디1-4)와 후행악구(마디5-8)의 종지인 반종지와 완전정격종지 사이에 약-강이 성립되어 악절을 이룬다. 각 악구의 디자인을 보면, 선행악구는 기본적으로 순차 상행하는 특성을 지닌 반면, 후행악구는 16분음표로 시작한 음형을 동형진행하면서 하행한다. 따라서 예2-4는 다른 선율 윤곽을 가진 대조악절로 분석될 수 있다.

▶ 예2-4. 베토벤, <피아노소나타 제11번>, Op. 22, 제3악장, 마디1-8

도식2-1은 각각 유사악절인 예2-3과 대조악절인 예2-4의 도해로, 악구는 브래킷, 악구의 끝에는 종지의 종류, 브래킷의 위쪽에는 악구의 디자인을 나타내는 영어 알파벳의 소문자를 a, a′, b로 표시하였다. 두 악구의 디자인이 유사할 경우 a와 a′, 다를 경우 a와 b로 쓴다.

▶ 도식2-1. 유사악절과 대조악절의 도해

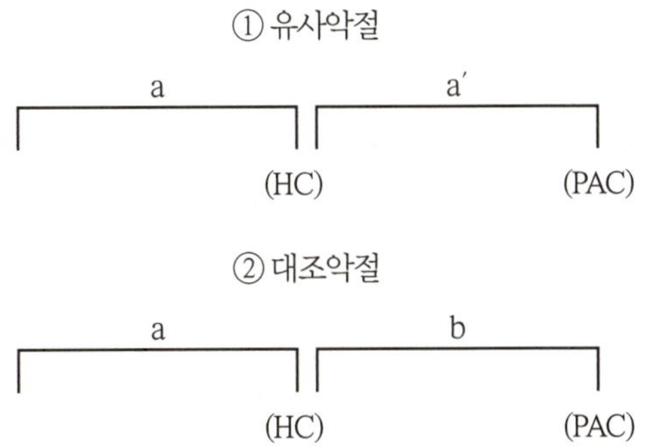

악절(period)의 역사

● 음악에서 '악절'은 수사학의 '문장'에 비유되는 개념으로, 차를리노(Gioseffo Zarlino, 1517-1590)는 길이와 상관없이 화성적 움직임이 완성되어야 이를 악절로 간주하였다. J.S.바흐는 실잣기(Fortspinnung)의 선율작법을 통해 긴 악절을 작곡하였으나, 고전시대에는 규칙적인 악구와 종지를 만드는 화성을 통해 악절이 형성되었고, 악절은 음악 형식을 결정하는 중요한 요소가 되었다. 18세기 코흐는 큰 형식의 주요 단락들을 으뜸악절(Hauptperiod)이라 칭하였는데, 형식을 나누는 다양한 용어들은 이론가들 사이에서 오랫동안 합의되지 않은 채 유통되었다. 19세기의 관점에서 악절은 각각 2마디, 4마디, 8마디로 이루어진 두 개의 악구로 구성되는 것으로 그 범위가 좁아졌다.

3. 센텐스

센텐스는 '모티브'(motive)의 발전과 변형을 기초로 주제를 발전시켰던 고전시대 작곡가들이 소나타와 같은 기악곡에 자주 사용했던 형식 단위이다. 센텐스는 '기초악상'(basic idea)과 그 반복으로 구성되는 '제시'(presentation), 기초악상의 '분절화'(fragmentation) 혹은 변형, 그리고 종지로 이어지는 '전개'(continuation)로 구성되며, 전개의 끝에 단 한 번 종지가 온다. **도식2-2**는 센텐스의 도해로 제시에서 기초악상은 반복 및 변형되거나 동형진행되어 나타나는 것이 일반적이다. 전개에서는 기초악상에 사용되었던 요소가 분절화되거나 새로운 요소가 등장한 후 종지로 이어지기도 한다.

▶ 도식2-2. 센텐스의 구조 및 도해

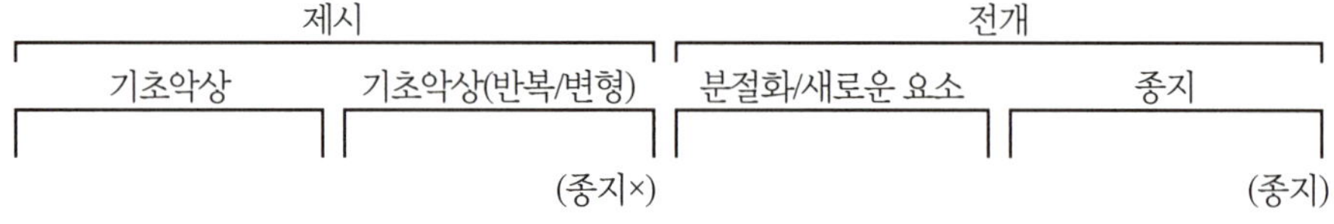

예2-5는 8마디 센텐스의 전형적인 모습을 보여준다. 제시는 으뜸화음을 연장하는데, 마디1-2의 기초악상은 16분음표로 빠르게 순차 하행하여 스타카토로 마무리되고, 이는 마디3-4에서 버금딸림화음을 배경으로 반복된다. 마디5-8은 전개에 해당하는데 기초악상의 순차 하행 제스처가 분절화되어 나타나다가 반종지에 도착한다.

▶ 예2-5. 모차르트, <피아노소나타 제7번>, K. 309, 제3악장, 마디1-8

예2-6은 반종지로 마치는 센텐스에 해당한다. 제시는 마디1-2의 기초악상과 마디3-4의 기초악상의 반복으로 나타나며 으뜸화음을 연장한다. 전개에서는 기초악상의 분절 대신 새로운 요소가 나타난다. 마디1에서 시작된 으뜸화음의 연장은 보조적 화음인 V와 지속적 화음인 IV을 통해 마디7까지 확장되고, 마디8에서 반종지한다.

▶ 예2-6. 모차르트, <D장조 론도>, K. 485, 마디1-8

센텐스(sentence)의 역사

● 18-19세기 기악곡에서 주제를 제시하는 형식의 틀로서 자주 등장하는 센텐스는 20세기 초 쇤베르크(Arnold Schoenberg, 1874-1951)의 『작곡의 기초』(*Fundamentals of Musical Composition*, 1967)에서 처음 언급되었다. 쇤베르크는 센텐스를 주제를 가진 완전한 음악적 아이디어로 규정하였고, 두 개의 악구로 구성되는 악절과 차별하며 두 번째 부분의 연속적 기능을 강조하였다. 쇤베르크의 이론을 바탕으로 음악이론가 캐플린(William E. Caplin)은 『고전음악의 형식』(*Classical Form*, 1998)에서 센텐스를 작곡의 기법을 설명하는 주요 개념으로 강조하였다.

캐플린의 하이브리드 유형

● 악곡의 분석에 있어서 어떠한 요소에 초점을 맞추느냐에 따라 이론가마다 분류법과 관점이 달라질 수 있다. 캐플린은 1998년에 『고전적 형식』에서 '센텐스'라는 개념을 소개하면서 기존의 학계에서 받아들여지던 유사악절/대조악절의 이분법적 사고에서 벗어나 (유사)악절, 센텐스, 하이브리드(hybrid)의 세 가지 개념을 제시하였다. 캐플린의 형식론에 대조악절은 존재하지 않는다. 악절과 센텐스의 부분적 결합으로 이루어지는 하이브리드는 다음의 네 가지 유형으로 세분된다.

1) 하이브리드 유형1: 선행악구+전개
2) 하이브리드 유형2: 선행악구+종결 (기존의 대조악절)
3) 하이브리드 유형3: 복합적 기초악상+전개 (기존의 대조악절)
4) 하이브리드 유형4: 복합적 기초악상+후행악구 (기존의 악구그룹 등)

기존의 유사/대조악절의 분류가 선율의 디자인에 초점을 맞추었다면, 캐플린이 제시한 분류는 '기능'에 초점을 맞추었다. 캐플린은 작곡가가 어떠한 방식으로 주제를 구성하는지 보여주고자 하였다.[2]

4. 이중악절

4개의 악구로 이루어진 '이중악절'은 선행악구 쌍과 후행악구 쌍이 결합한 거시적 악절이다. 두 번째 악구와 네 번째 악구 사이에 종지의 약-강이 성립됨으로써 악절이 되며, 첫 악구와 세 번째 악구의 선율 디자인이 유사한 경우가 대부분으로, 주로 '유사이중악절'(parallel double period)이 된다(**도식2-3**).

▶ **도식2-3. 유사이중악절의 도해**

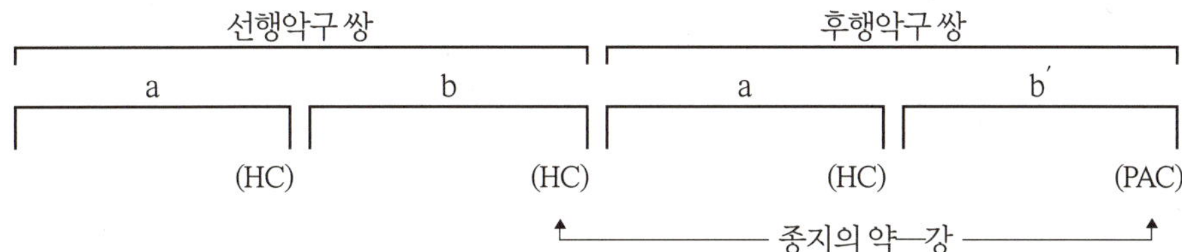

예2-7은 16마디 유사이중악절의 사례이다. 마디1-8의 두 개의 악구가 선행악구 쌍을 형성하고, 마디9-16의 두 개의 악구가 후행악구 쌍을 형성한다. 각 악구는 차례대로 반종지, 반종지, 반종지, 완전정격종지로 맺는데, 선행악구 쌍의 끝에 반종지, 후행악구 쌍의 끝에 완전정격종지가 종지 간의 약-강을 성립한다. 디자인의 측면에서 악구1과 악구3이 닮아있으므로 유사이중악절이 된다.

▶ **예2-7. 베토벤, <피아노소나타 제12번>, Op. 26, 제1악장, 마디1-16**

5. 그 밖의 악구와 악절 단위의 형식

1) 반복악구

악구가 그대로 또는 변주되어 반복되면 '반복악구'(repeated phrase)를 만든다. **예2-8**을 보자. 악구와 이어지는 악구의 반복은 각각 마디4와 마디8에서 동일한 종지(반종지)에 의해 맺어지며 반복악구를 형성한다. 이 악곡에서는 왼손의 선율과 오른손 반주가 동일하게 나타나지만, 악구가 반복될 시 선율과 반주가 변주되기도 한다.

▶ 예2-8. 슈만, <어린이를 위한 앨범>, Op. 68 중 '즐거운 농부,' 마디1-8

▶ 도식2-4. 반복악구의 도해

2) 반복악절

악절이 반복되면 '반복악절'(repeated period)이 된다. 따라서 악절을 성립하는 종지의 약-강은 이웃하는 두 개의 악구 관계 즉, 첫 번째와 두 번째 악구, 그리고 세 번째와 네 번째 악구 사이에 나타난다. 반복악절의 경우 유사악절이 반복되었을 때 '반복유사악절,' 대조악절이 반복되었을 때 '반복대조악절'로 부른다.

예2-9는 전형적인 반복대조악절의 구조를 보여준다. 마디1-8까지의 악구 구조를 보면, 선행악구(마디1-4)가 반종지, 후행악구(마디5-8)가 완전정격종지를 형성하며, 이 둘의 선율 디자인이 다르므로 대조악절이 된다. 마디9-16은 마디1-8의 선율이 한 옥타브 위에서 재현되는 가운데 왼손의 내성에 분산화음이 더해지며 변주되어 반복된다. 결국 마디1-8의 대조악절이 마디9-16에서 한 옥타브 위로 등장하므로, 마디1-16은 반복대조악절이다.

▶ 예2-9. 베토벤, <피아노소나타 제8번>, Op. 13, 제2악장, 마디1-16

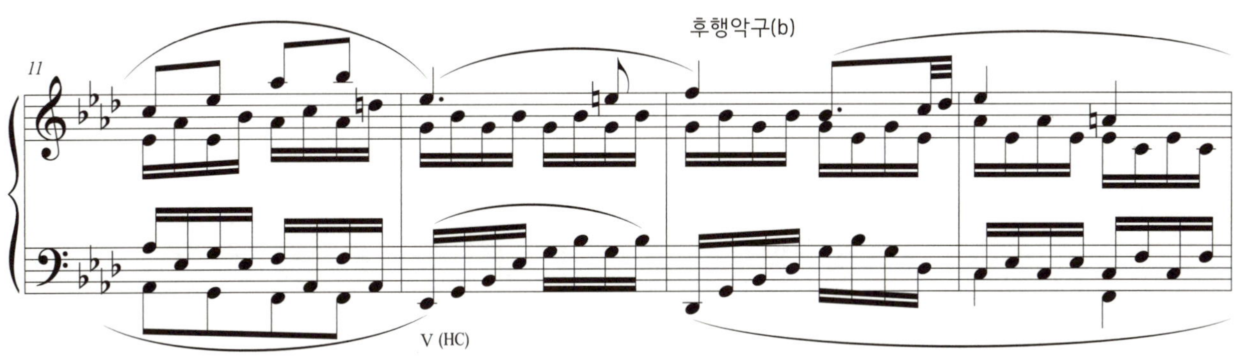

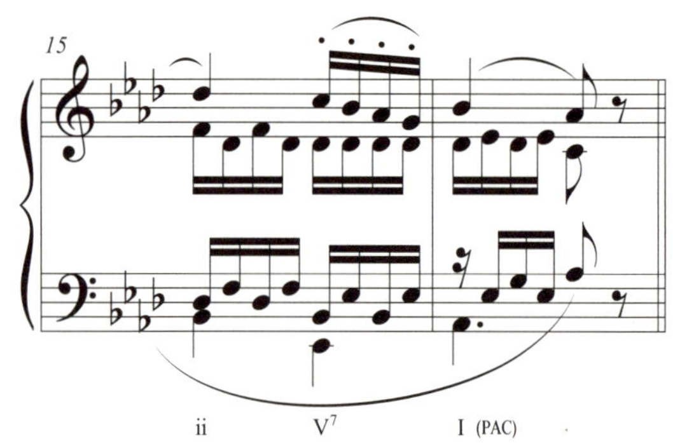

▶ 도식2-5. 반복대조악절의 도해

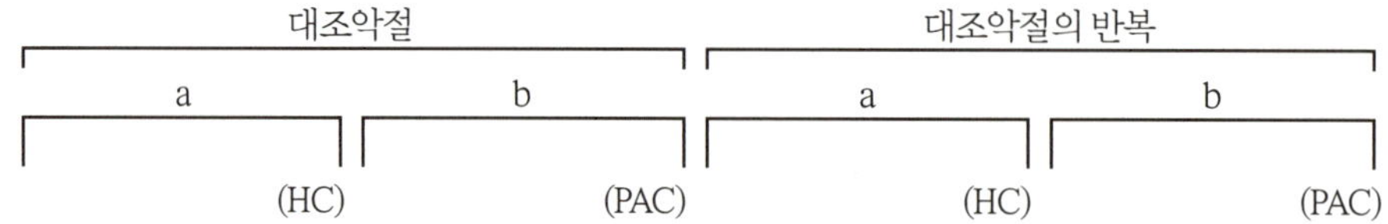

3) 비전형적 악절

　　두 개나 네 개의 악구로 구성되는 전형적인 악절과 달리 세 개나 다섯 개 등 홀수로 구성된 악절을 '비전형적 악절'(asymmetrical period)이라 한다. 비전형적 악절은 보통 선율의 디자인에 따라 쌍으로 묶이는데, 세 개의 악구로 구성되는 경우 하나의 선행악구와 두 개의 후행악구 쌍, 혹은 두 개의 선행악구 쌍과 한 개의 후행악구로 구성될 수 있다. **예2-10**에서 선행악구(마디 1-4)는 HC로 마치고, 후행악구 쌍(마디5-8과 마디9-13)은 각각 PAC로 마치는데, 선행악구와 후행악구 쌍의 관계에서 종지의 약-강이 성립한다. 이를 도해하면 **도식2-6**과 같다.

▶ 예2-10. 쇼팽, <전주곡>, Op. 28/20, 마디1-13

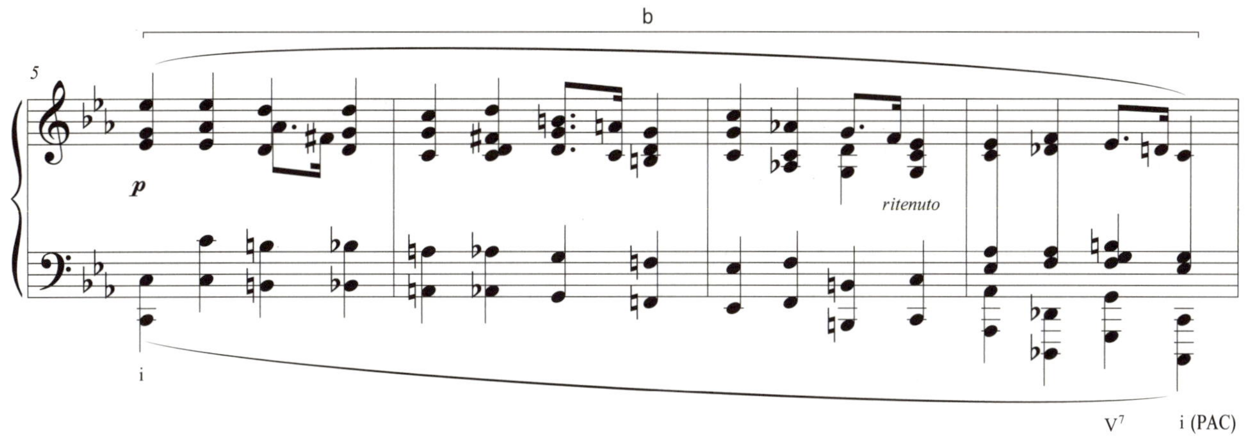

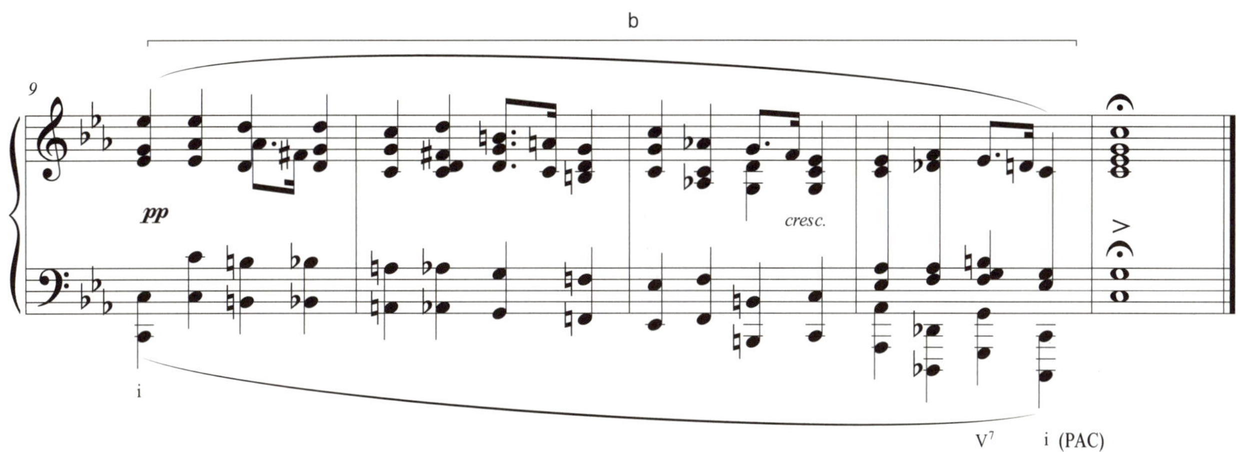

▶ 도식2-6. 비전형적인 악절의 도해

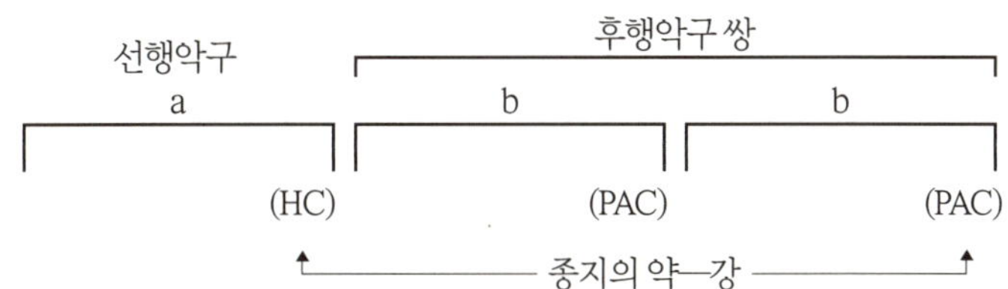

용어

대조악절(contrasting period): 2개의 악구로 구성된 악절로 선행악구와 후행악구 사이 종지의 약–강이 성립되며, 두 악구의 디자인이 다른 경우

반복악구(repeated phrase): 악구가 그대로 또는 변형되어 반복된 경우를 지칭한다. 두 악구의 종지가 같다.

반복악절(repeated period): 유사악절 혹은 대조악절이 반복되면 반복유사악절 혹은 반복대조악절이 된다. 첫 번째, 두 번째 악구의 종지가 세 번째와 네 번째 악구와 같다.

비전형적 악절(asymmetrical period): 홀수(3, 5개 등)의 악구로 구성된 악절

센텐스(sentence): 18–19세기 기악에서 자주 나타나는 주제 형태로서 '제시'와 '전개'의 두 부분으로 이루어지나 종지는 전개의 끝에 한 번만 온다. 제시는 기초악상과 그 반복, 전개는 기초악상의 단편화(혹은 변형)와 종지로 구성된다.

소악구(sub–phrase): 약한 종지 또는 선율적 휴지로 맺어지는, 악구가 분할된 형식 단위

악구(phrase): 종지로 끝나는 최소의 형식 단위

악구그룹(phrase group): 2개 이상의 악구로 구성되고, 악구 간에 종지의 약–강이 형성되지 않는 경우

유사악절(parallel period): 2개의 악구로 구성된 악절로 선행악구와 후행악구 사이 종지의 약–강이 성립되며, 각 악구의 선율 디자인이 유사할 경우. 병행 악절로도 불린다.

이중악절(double period): 4개의 악구가 만들어 내는 거시적 악절로 두 번째, 네 번째 악구 사이 종지의 약–강이 성립하여 이루어진다. 첫 번째, 세 번째 악구의 디자인이 유사한 경우가 많으므로 대부분이 유사이중악절이다.

하이브리드(hybrid): 유사악절과 센텐스를 제외한 다양한 구성을 악구와 센텐스의 내부 결합으로 설명하는 캐플린(William Caplin)의 형식 이론. 악구의 기능에 초점을 맞춘 하이브리드는 4개의 형식 카테고리로 나뉜다.

휴지(caesura): 종지보다는 약한 쉼 현상으로 종지적 화성진행이나 선율적 쉬어가기로도 형성된다.

실습 문제 2

1. 다음은 모차르트의 <피아노소나타 제11번>, K. 331의 제1악장 중 마디1–8이다. 아래의 질문에 답하시오.

1) 악곡의 화성과 종지를 분석하시오.

2) 화음의 연장이 나타나는 부분은 브래킷을 사용하고 그 아래에 연장되는 화음을 적으시오.

3) 종지를 고려하여 악구를 구분하고, 악곡의 형식을 도해하시오. 각 악구는 브래킷으로 나타내고, 종지의 종류, 선율 디자인(a, a′, b)을 표시하시오.

4) 도해 결과를 고려하여 형식을 붙이시오.

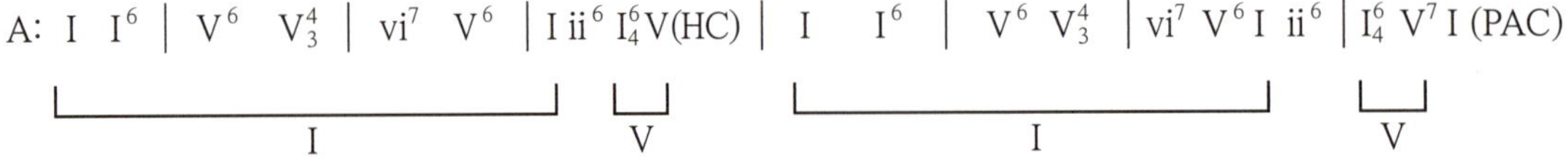

모범답안

1) & 2)

A: I I^6 | V^6 V$^4_3$ | vi^7 V^6 | I ii^6 I$^6_4$V(HC) | I I^6 | V^6 V$^4_3$ | vi^7 V^6 I ii^6 | I$^6_4$ V^7 I (PAC)

3) 마디1-8에는 두 번의 종지가 나타나고 이들 사이에는 종지의 약–강 관계가 성립한다. 또한, 두 악구의 머리 선율이 정확히 일치하므로 유사악절이 된다. 두 개의 브래킷을 그리고, 각 악구의 끝(마디4와 마디8)에 나타나는 종지 HC와 PAC를 브래킷 아래에 쓴다. 선행악구의 디자인을 a, 후행악구의 디자인을 a′로 표시한다.

```
        a                    a′
|________________|  |________________|
       (HC)                (PAC)
```

4) 선행악구와 후행악구의 디자인이 a, a′로 비슷하므로 유사악절이다.

2. 다음은 베토벤의 <피아노소나타 제1번>, Op. 2의 제1악장 중 마디1-8이다. 아래의 질문에 답하시오.

1) 악곡의 화성과 종지를 분석하시오.

2) 화음의 연장이 나타나는 부분은 브래킷을 사용하고 그 아래에 연장되는 화음을 적으시오.

3) 종지의 개수, 선율의 진행과 구성 방식을 고려하여 형식을 이름 붙이시오.

4) 형식에 맞게 도해하시오.

모범답안

1) & 2)

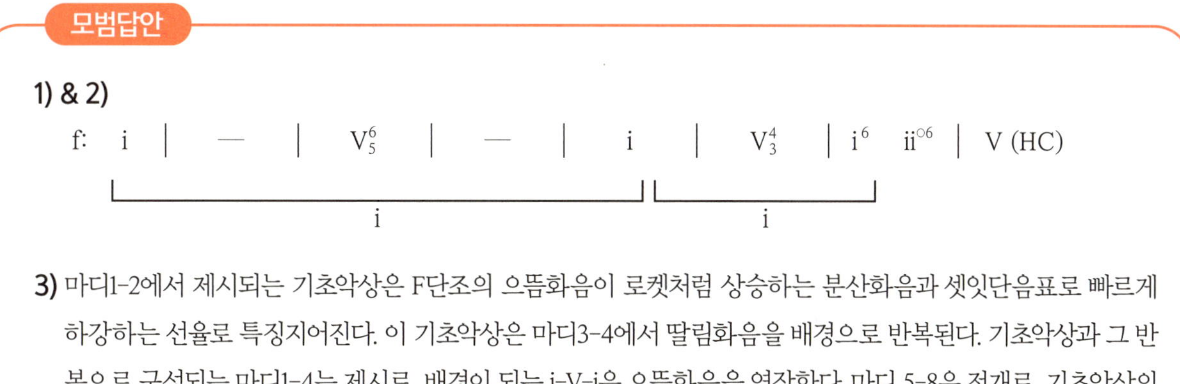

3) 마디1-2에서 제시되는 기초악상은 F단조의 으뜸화음이 로켓처럼 상승하는 분산화음과 셋잇단음표로 빠르게 하강하는 선율로 특징지어진다. 이 기초악상은 마디3-4에서 딸림화음을 배경으로 반복된다. 기초악상과 그 반복으로 구성되는 마디1-4는 제시로, 배경이 되는 i-V-i은 으뜸화음을 연장한다. 마디 5-8은 전개로, 기초악상의 셋잇단음표 음형은 마디5-6에서 분절화되며 마디8에서 HC한다. 따라서 센텐스이다.

4)

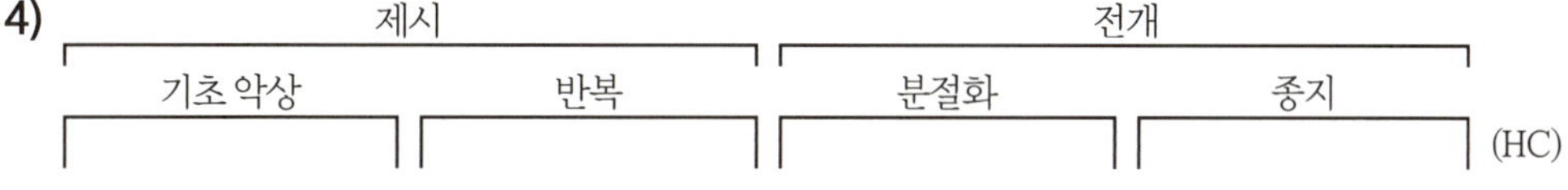

3. 다음은 모차르트의 <피아노소나타 제5번>, K. 283의 제1악장 중 마디1-10이다. 아래의 질문에 답하시오.

1) 악곡의 화성과 종지를 분석하시오.

2) 화음의 연장이 나타나는 부분은 브래킷을 사용하고 그 아래에 연장되는 화음을 적으시오. 몇 개의 종지가 나타나는
   지 확인하시오.

3) 종지의 개수, 선율의 진행과 구성 방식을 고려하여 형식의 이름을 붙이시오.

4) 형식에 맞게 도해하시오.

모범답안

1) & 2)

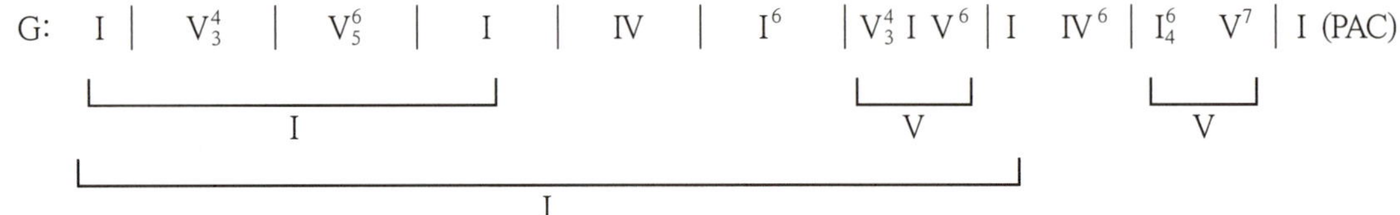

3) 주어진 패시지에는 마지막에 PAC가 한 번 나타난다. 마디1-2의 기초악상은 마디3-4에서 반복된다. 또한 부점
과 하행 모티브가 리듬적으로 축소되어 마디5-7에서 세 번의 분절화가 나타나며 마디8-10에서 종지로 진행된
다. 따라서 센텐스이다.

4)

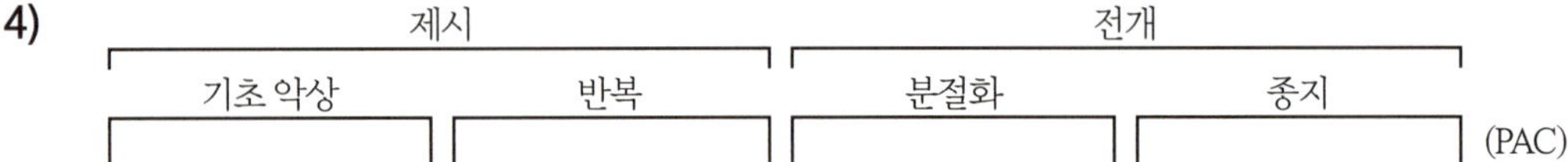

4. 다음은 베토벤의 <바이올린소나타 제1번>, Op. 12의 제3악장 중 마디1–8이다. 아래의 질문에 답하시오.

1) 악곡의 화성을 분석하시오. 선율의 움직임과 화성 진행을 고려하여 종지를 표기하시오.

2) 화음의 연장이 나타나는 부분은 브래킷을 사용하고 그 아래에 연장되는 화음을 적으시오.

3) 종지를 통해 악구를 나누고, 이를 기반으로 악곡의 형식을 도해하시오. 도해에는 브래킷, 종지의 종류, 선율의 디자인 (a, a′, b)에 대한 정보가 모두 포함되어야 한다.

4) 도해 결과를 고려하여 형식을 이름 붙이시오.

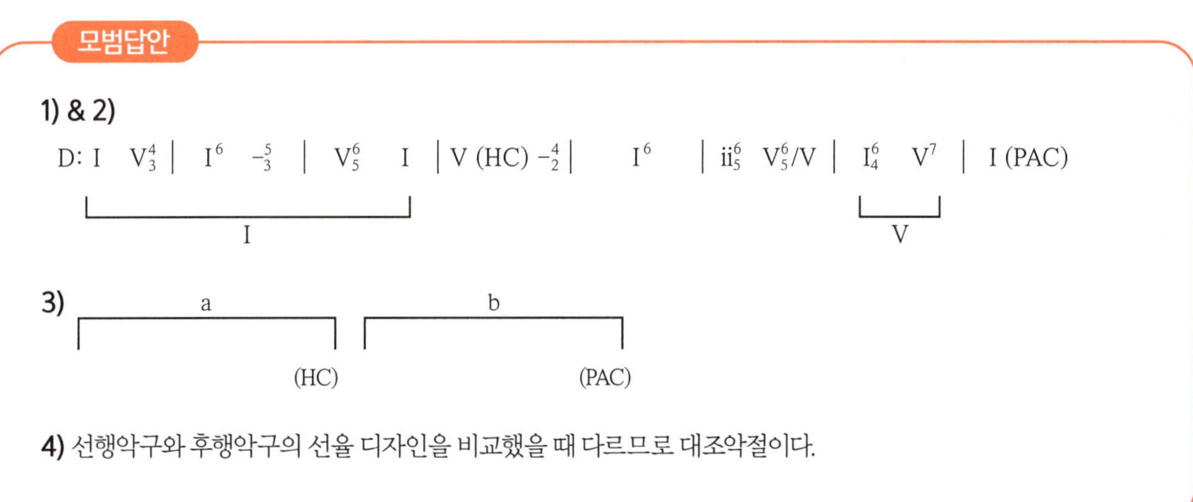

5. 다음은 베토벤의 <피아노소나타 제1번>, Op. 10의 제2악장 중 마디1-16이다. 아래의 질문에 답하시오.

1) 악곡의 화성을 분석하시오. 선율의 움직임과 화성진행을 고려하여 종지를 표기하시오.

2) 화음의 연장이 나타나는 부분은 브래킷을 사용하고 그 아래에 연장되는 화음을 적으시오.

3) 종지를 통해 악구를 나누시오. 몇 개의 악구가 형성되는가?

4) 악구를 기반으로 악곡의 형식을 도해하시오. 도해에는 브래킷, 종지의 종류, 선율의 디자인(a, a′, b)에 대한 정보를 모두 포함해야 한다.

5) 도해를 기반으로 종지의 약–강이 나타나는 악구 간의 관계를 고려하여 형식의 이름을 붙이시오.

모범답안

1) & 2)

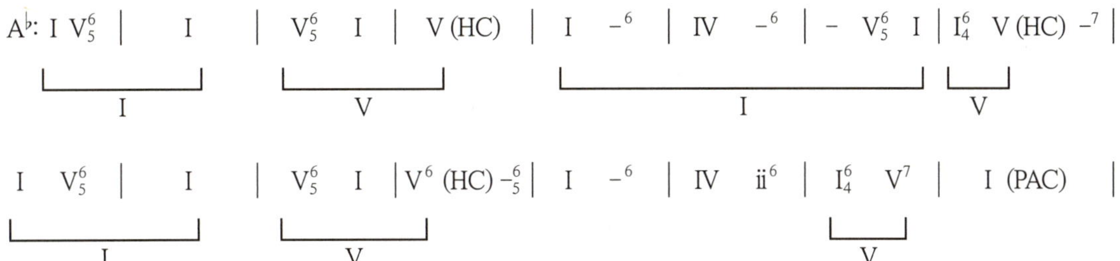

3) 종지가 네 번 나타나기 때문에 네 개의 악구가 있다.

4)

5) 악구1과 2가 선행악구 쌍을 이루고 악구3과 4가 후행악구 쌍을 이루는 이중악절이다. 선행악구 쌍의 끝인 악구2, 후행악구 쌍의 끝인 악구4 사이에 종지의 약–강이 성립한다. 또한 각 악구 쌍의 머리인 악구1과 악구3의 디자인이 유사하다. 따라서 유사이중악절이다.

6. 다음은 하이든의 <현악4중주 제4번>, Op. 76, '일출'의 제2악장 중 마디1~8이다. 아래의 질문에 답하시오.

1) 악곡의 화성과 종지를 분석하시오.

2) 화음의 연장이 나타나는 부분은 브래킷을 사용하고 그 아래에 연장되는 화음을 적으시오.

3) 몇 개의 종지가 나타나는가?

4) 종지의 개수, 선율의 진행과 구성 방식을 고려하여 형식의 이름을 붙이시오.

5) 형식에 맞게 도해하시오.

모범답안

1) & 2)

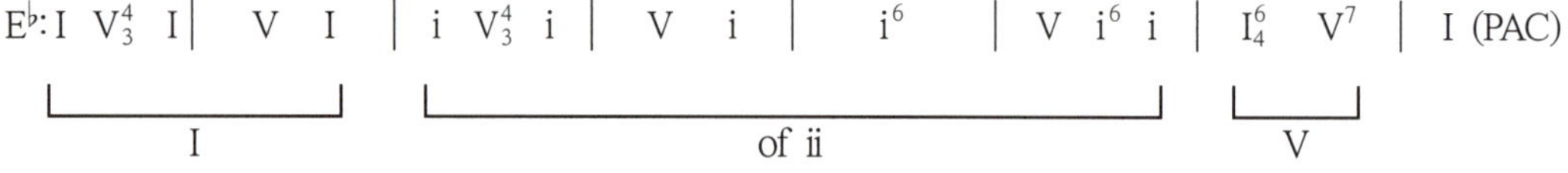

3) 마디8에서 종지가 한 번 나타난다. 마디2의 늘임표에 놓인 V–I은 종지를 형성하지 못한다. 여기를 종지로 듣기에는 악구의 길이가 짧고, 분명한 화성진행이 없다. 으뜸화음의 연장으로 본다.

4) 주어진 악곡은 마지막에 한 번의 PAC만 나타난다. 마디1–2의 기초악상에는 보조음 모티브가 두드러진다. 마디1–2에서 기초악상이 으뜸화음의 연장 위에서 진행된다면 마디3–4에서 기초악상의 반복은 ii를 배경(ii의 으뜸음화)으로 나타난다. 마디5–6에서는 기초악상이 빠른 음가를 통해 확장되다가 마디7–8에서 종지한다. 따라서 센텐스이다.

5)

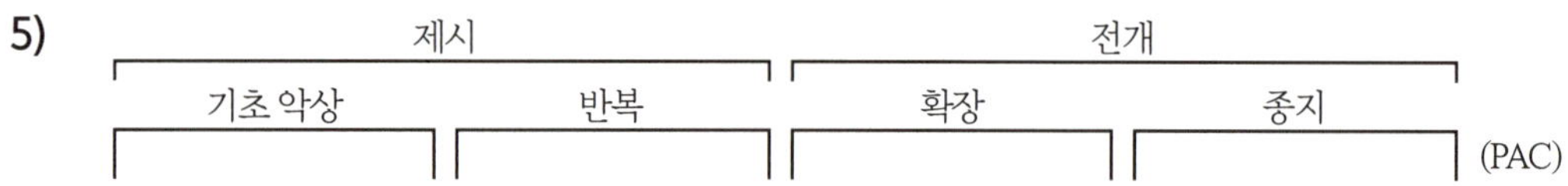

7. 다음은 슈베르트 <악흥의 순간 제3번>, D. 780의 마디1-18이다. 아래의 질문에 답하시오.

1) 악곡의 화성을 분석하시오. 선율의 움직임과 화성 진행을 고려하여 종지를 표기하시오.

2) 화음의 연장이 나타나는 부분은 브래킷을 사용하고 그 아래에 연장되는 화음을 적으시오.

3) 종지를 통해 악구를 나누고, 이를 기반으로 악곡의 형식을 도해하시오. 도해는 브래킷, 종지의 종류, 선율의 디자인 (a, a′, b)에 대한 정보를 모두 포함해야 한다.

4) 도해 결과를 고려하여 형식을 이름 붙이시오.

1) & 2)

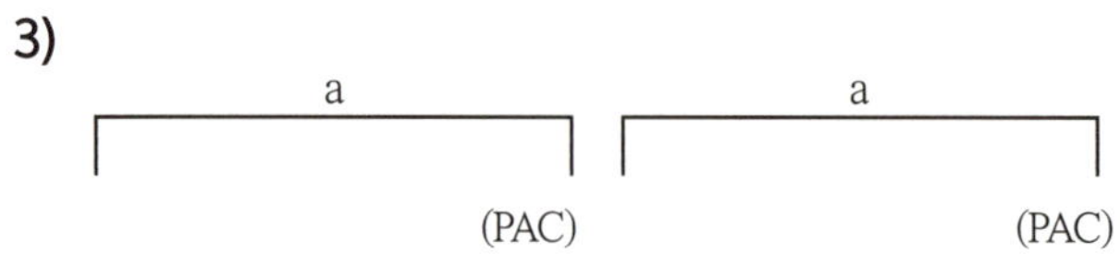

마디1-2의 전주 후, 악구는 마디3에서 시작해 으뜸화음을 연장한다. 종지는 마디10에서 나타나고, 이러한 구성은 다음 악구에서도 동일하게 전개된다. 마디11-18은 마디3-10의 반복이다.

3)

a a
(PAC) (PAC)

4) 첫 번째 악구와 이어지는 악구는 반복의 관계에 있다. 두 악구의 종지가 같으므로, 반복악구를 형성한다.

8. 다음은 베토벤의 <피아노소나타 제8번>, Op. 13, '비창'의 제3악장 중 마디1-12이다. 아래의 질문에 답하시오.

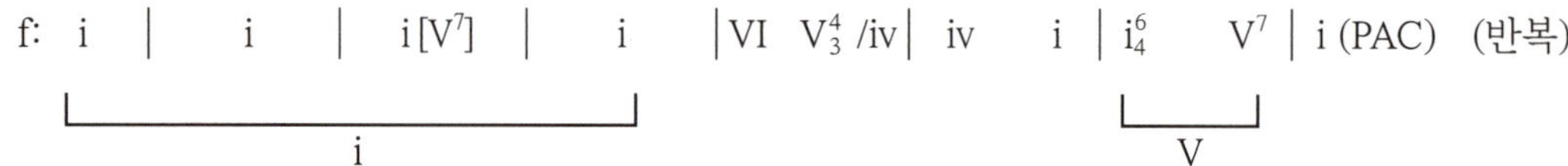

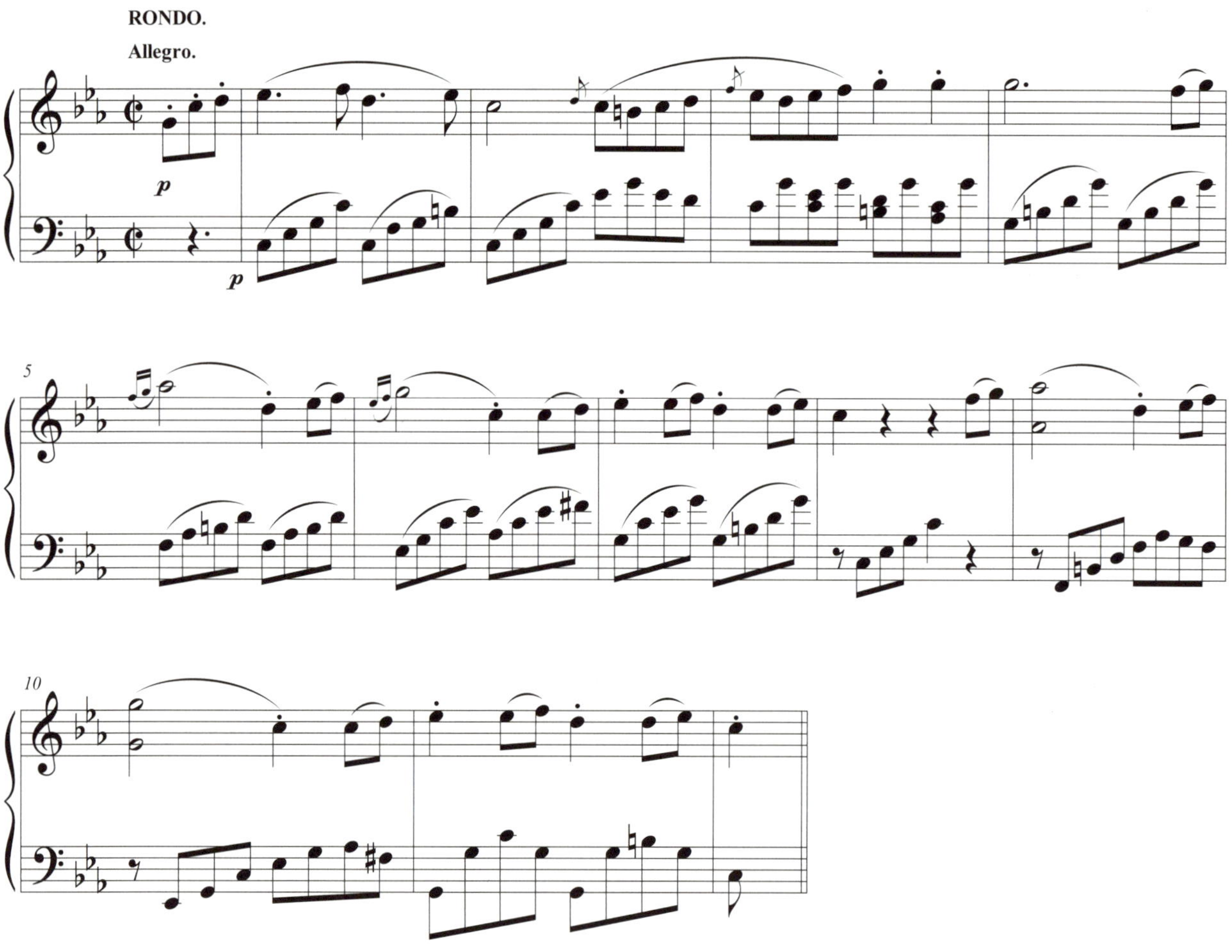

1) 악곡의 화성을 분석하시오. 선율의 움직임과 화성 진행을 고려하여 종지를 표기하시오.

2) 화음의 연장이 나타나는 부분은 브래킷을 사용하고 그 아래에 연장되는 화음을 적으시오.

3) 종지를 통해 악구를 나누고, 이를 기반으로 악곡의 형식을 도해하시오. 도해는 브래킷, 종지의 종류, 선율의 디자인
   (a, a′, b)에 대한 정보를 모두 포함해야 한다.

4) 도해 결과를 고려하여 형식의 이름을 붙이시오.

모범답안

1) & 2)

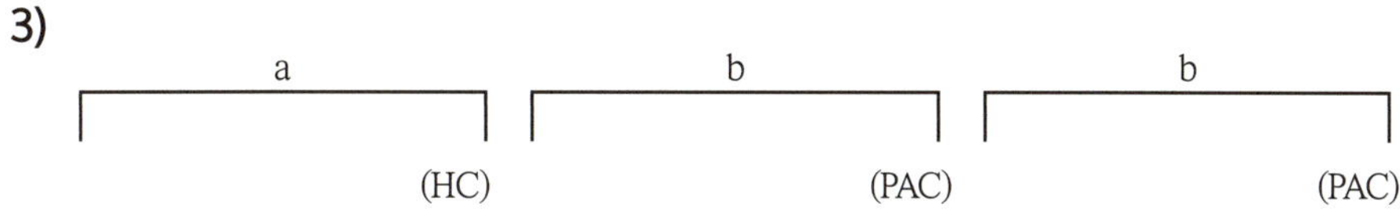

3)

마디1–12에는 세 개의 종지에 따른 세 개의 악구가 있다. 악구1의 선율 디자인을 a라고 할 때, 악구2의 선율 디자인은 다른 양상을 보이기 때문에 b라 할 수 있으며, 악구3은 악구2와 동일한 선율이기 때문에 b의 반복으로 볼 수 있다.

4) 세 개의 악구는 마디1–4의 선행악구와 마디5–12의 후행악구 쌍으로 묶일 수 있으며, 선행악구와 후행악구 쌍에서 종지의 약-강이 성립되었기 때문에 비전형적 악절이다.

9. 다음은 베토벤의 <피아노소나타 제21번>, Op. 53, '발트슈타인'의 제1악장 중 마디35–50이다. 아래의 질문에 답하시오.

1) 악곡의 화성을 분석하시오. 선율의 움직임과 화성진행을 고려하여 종지를 표기하시오.

2) 종지를 통해 악구를 나누고 이를 기반으로 악곡의 형식을 도해하시오. 도해에는 브래킷, 종지의 종류, 선율의 디자인
   (a, a′, b)에 대한 정보를 모두 포함해야 한다.

3) 마디35−42만 고려했을 때 형식의 이름을 붙이시오.

4) 악구1과 악구3의 선율과 화성진행, 악구2와 악구4의 선율과 화성진행을 비교하시오.

5) 마디35−50에 대한 형식을 이름 붙이시오.

모범답안

1)

$$E\!: I \quad V^7 \quad vi \mid V^7/vi \quad IV \mid V^4_3 \quad I^6 \; ii^6_5 \mid I^6_4 \; V^7 \; (HC) \mid I \quad V^7 \quad vi \mid V^7/vi \quad IV \mid I^6_4 \quad V^7 \mid I \;(PAC)\;(\times 2 \text{ 반복})$$

2) 마디35-50에서는 총 4개의 종지가 나타나기 때문에 4개의 악구가 있으며 다음과 같이 도해할 수 있다.

a	a′	a	a′
(HC)	(PAC)	(HC)	(PAC)

3) 마디35-42은 선행악구와 후행악구 사이 종지의 약-강이 성립되는 유사악절이다.

4) 마디35-38는 악구1, 마디39-42는 악구2, 마디43-46는 악구3, 마디47-50은 악구4라고 했을 때, 악구3은 악구
1의 변주로서 주제 선율이 셋잇단음표로 변주되고 있으나 화성진행은 동일하다. 마찬가지로 악구4는 악구2의
변주이다. 변주된 선율을 '다른' 것으로 오해하지 않도록 주의하자.

5) 마디35-42의 유사악절이 마디43-50에서 변주 및 반복된다. 유사악절이 반복되었기 때문에 반복유사악절이라
할 수 있다.

요약

✛ 악구는 종지를 포함하는 최소한의 형식 단위로, 약–강 관계의 두 개의 악구는 하나의 악절을 형성한다.

✛ 악절은 선율 디자인의 유사 정도에 따라 유사악절과 대조악절로 구분된다.

✛ 센텐스는 주제를 제시하는 형식 단위로 18-19세기의 기악에서 많이 찾아볼 수 있으며, '제시'와 '전개'의 두 영역으로 구성되는 것이 특징이다. 센텐스는 마지막에 단 하나의 종지를 갖는다. 제시에는 기초악상의 제시와 반복이 주로 등장하고, 전개에는 기초악상의 분절화, 새로운 동기적 요소의 반복적 제시 등 다양한 양상이 나타나며 종지로 이어진다.

✛ 이중악절은 4개의 악구로 구성된 악절로, 선행악구 쌍과 후행악구 쌍 사이에서 종지의 약–강이 성립되는 거시적 악절이다.

✛ 반복악구는 악구가 그대로 또는 변주되어 반복되어 만들어진다. 악구와 반복악구는 같은 종지로 끝난다.

✛ 반복악절은 악절이 그대로 또는 변주되어 반복되어 만들어진다. 따라서 4개의 악구가 고려 대상이 되는데, 유사악절이 반복될 경우 반복유사악절, 대조악절이 반복될 경우 반복대조악절이 된다.

✛ 비전형적악절은 3개의 악구가 악절을 만드는 사례로 흔히 선행악구+후행악구 쌍으로 구성된다.

✛ 본 장에서 학습한 주제 형식과 도해는 아래와 같이 정리할 수 있다.

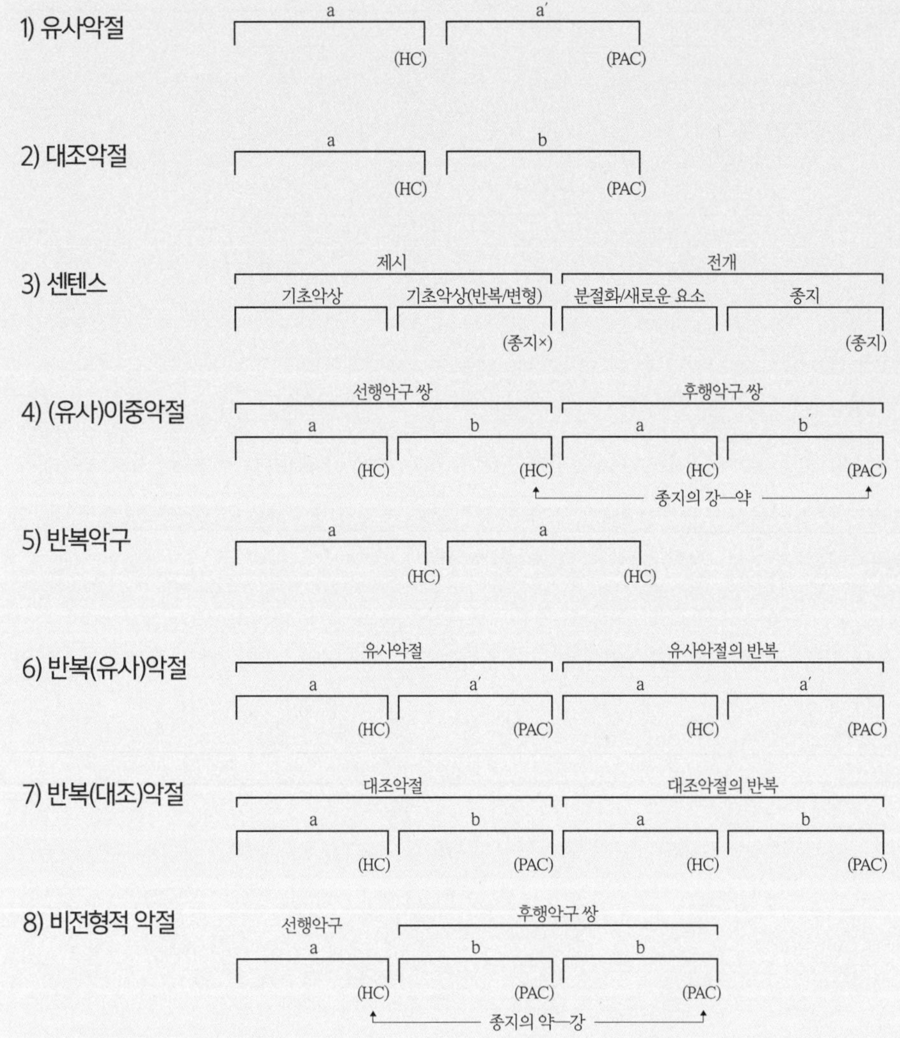

Ⅲ. 부분형식

singular, binary, ternary form

- ❖ 1부분형식, 2부분형식, 3부분형식의 기본 구성을 익힌다.
- ❖ 2부분형식에서 단락A의 종지 유형을 판단하여 연속적 또는 단락적 형식을 파악할 수 있다.
- ❖ 연속적 2부분에서 단순2부분형식과 균형2부분형식을 구분할 수 있다.
- ❖ 단순2부분형식(‖: A :‖: B :‖)과 순환2부분형식(‖: A :‖: BA′ :‖)의 차이를 알 수 있다.
- ❖ 단순3부분형식(ABA)과 복합3부분형식(Ⓐ Ⓑ Ⓐ′)의 형식적 특징을 설명할 수 있다.
- ❖ 복합3부분형식의 세부 유형에 따른 형식적 특징을 설명할 수 있다.

제2장에서 살펴본 악절, 센텐스, 이중악절 등은 하나의 '단락'(section)을 형성한다. 이러한 단락은 그 자체가 하나의 완전한 악곡이 되기도 하고, 다른 단락과 연합해서 2부분형식이나 3부분형식과 같은 더 큰 형식 단위를 이룬다. 제3장에서는 종지를 통한 단락의 구분에서 시작해 '조성구조'(tonal structure)와 '디자인'(design)의 차이가 만드는 '1부분형식'(singular form), '2부분형식'(binary form), '3부분형식'(ternary form)의 기본 구성과 여러 세부 유형을 다룬다.

1. 1부분형식

1부분형식은 하나의 완전한 악곡으로 악절, 이중악절, 악구그룹 등으로 구성된다. 이 형식은 기악곡의 프렐류드(prelude)와 성악곡에서 자주 찾아볼 수 있다. **예3-1**은 선행악구(마디1-12)와 후행악구(마디13-25)로 구성된 유사악절로 1부분형식이다. 선행악구는 베이스 선율이 순차적으로 하행하다가 마침내 딸림화음에 도착해 마디12에서 반종지에 의해 중단되고, 후행악구는 이전 악구의 음악적 내용을 소환하다가 마디24-25에서 완전정격종지로 마친다.

▶ **예3-1.** 쇼팽, <24개의 전주곡>, Op. 28/4

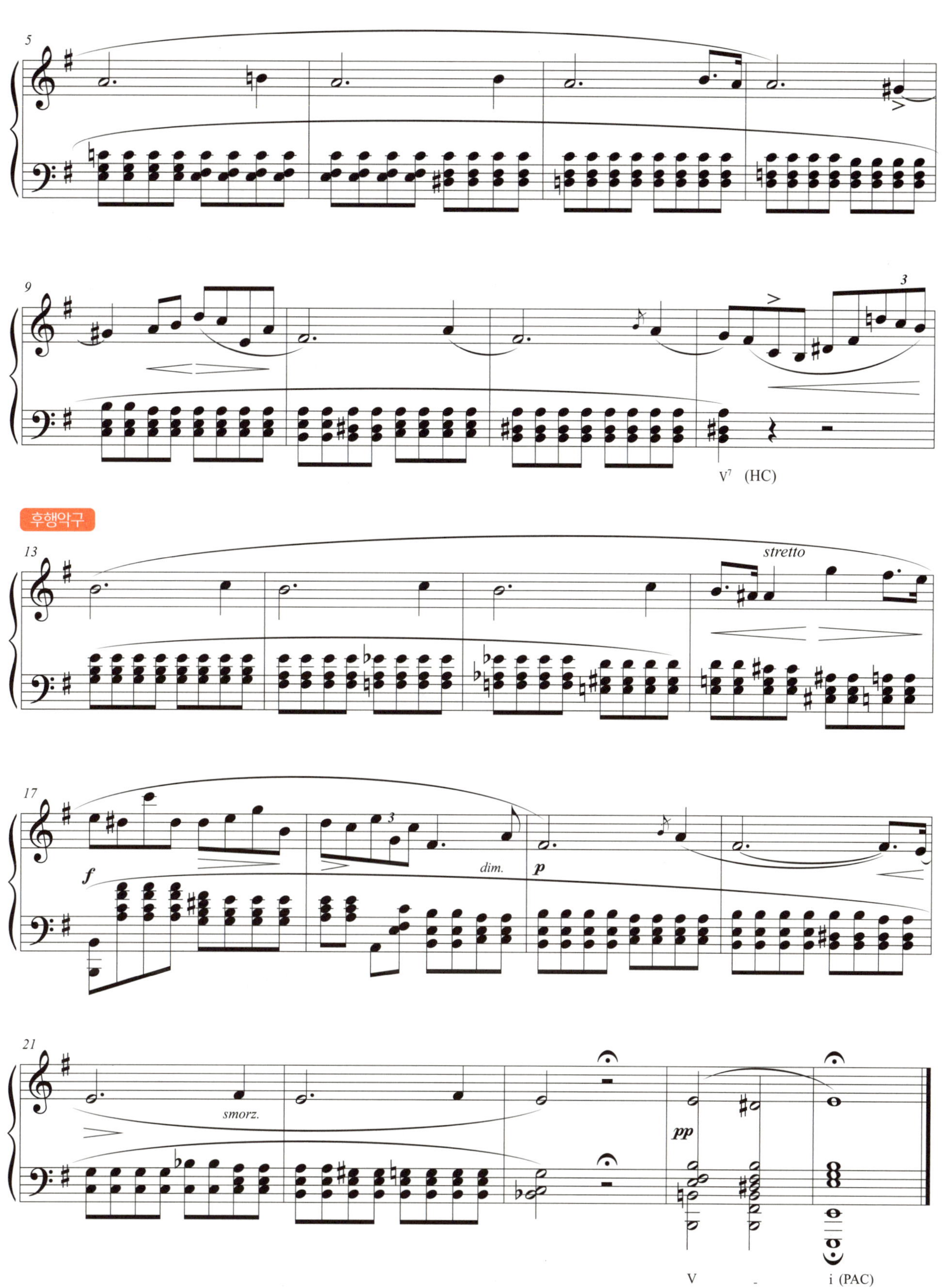

후행악구
stretto
V7 (HC)
f
dim.
p
smorz.
pp
V
i (PAC)

2. 2부분형식

2부분형식은 두 쌍의 도돌이표에 의해 두 단락의 구성이 분명하게 드러난다. 2부분형식은 바로크 시대의 춤곡이나 변주곡 등에 나타나며 고전이나 낭만 시대의 소품에서도 그 사례를 찾아볼 수 있다. 이 형식은 디자인과 조성구조에 따라 세분되는데, 디자인 측면에서 대조되는 단락B 이후 단락A의 오프닝 재현 여부에 따라 '단순2부분형식'(simple binary form)과 '순환2부분형식'(rounded binary form)으로 구분된다. 오프닝이 재현되지 않으면 단순2부분형식, 재현되면 순환2부분형식이 된다. 조성적 측면에서는 단락A의 종지가 원조의 완전정격종지로 끝나는 '단락적 2부분형식'(sectional binary form)과 원조의 반종지나 전조된 조성(장조의 경우 딸림조, 단조의 경우 관계장조)으로 마치는 '연속적 2부분형식'(continuous binary form)으로 분류된다. 특히 연속적 2부분에서 단락A의 오프닝 소재가 단락B에서 복귀하지 않고, 각 단락의 끝에 동일한 선율적 소재가 사용되어 '음악적 압운'(musical rhyme)이 나타나는 경우 '균형2부분형식'(balanced binary form)으로 명명한다. **도식3-1**은 2부분형식의 세 유형을 보여준다.

▶ **도식3-1.** 2부분형식의 세 유형

a. 단순2부분형식

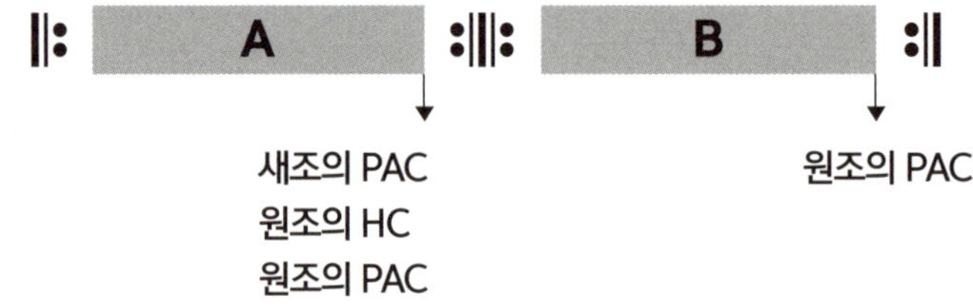

b. 균형2부분형식

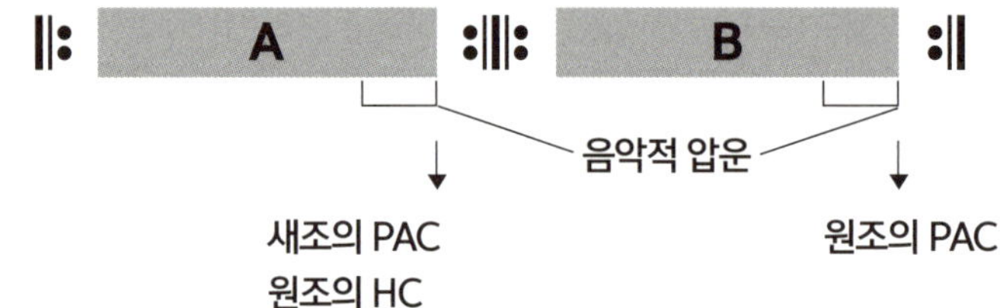

c. 순환2부분형식

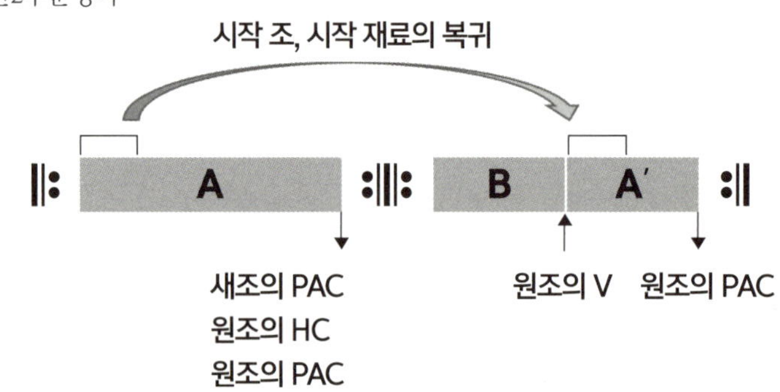

1) 단순2부분형식

단순2부분형식은 반복기호에 의해서 두 개의 단락으로 분명하게 나뉘며 ‖: A :‖: B :‖로 표기된다. 각 단락은 하나의 악구 혹은 악절 등으로 구성되며 각 단락은 반종지 혹은 완전정격종지로 마친다.

(1) 단락A

단순2부분형식은 단락A의 종지가 원조의 완전정격종지로 끝나는 단락적 단순2부분형식과 원조의 반종지 또는 전조된 조성의 완전정격종지로 마치는 연속적 단순2부분형식으로 분류된다. **예3-2**는 도돌이표에 의해서 각 단락이 반복되는 단순2부분형식을 보여준다. 이 곡은 단락A(마디1-8)가 원조인 C장조의 완전정격종지로 마치기 때문에 단락적 단순2부분형식이다.

▶ **예3-2. 훔멜, <16개의 성격소품>, '바가텔', 마디1-16**

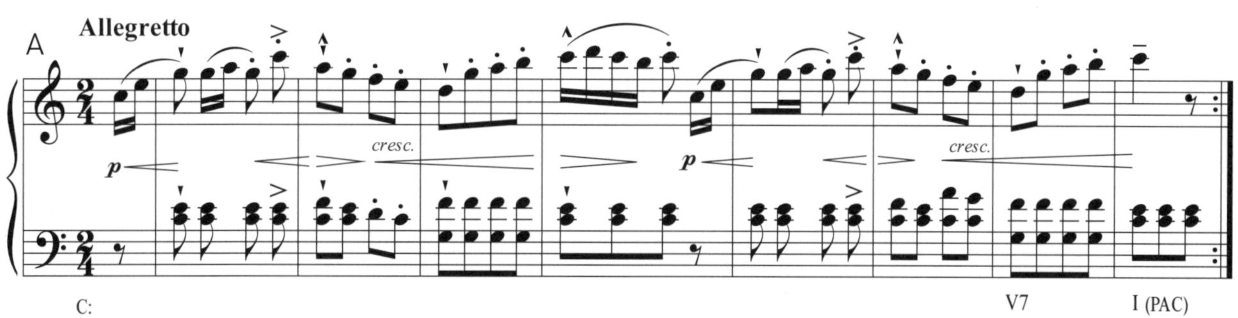

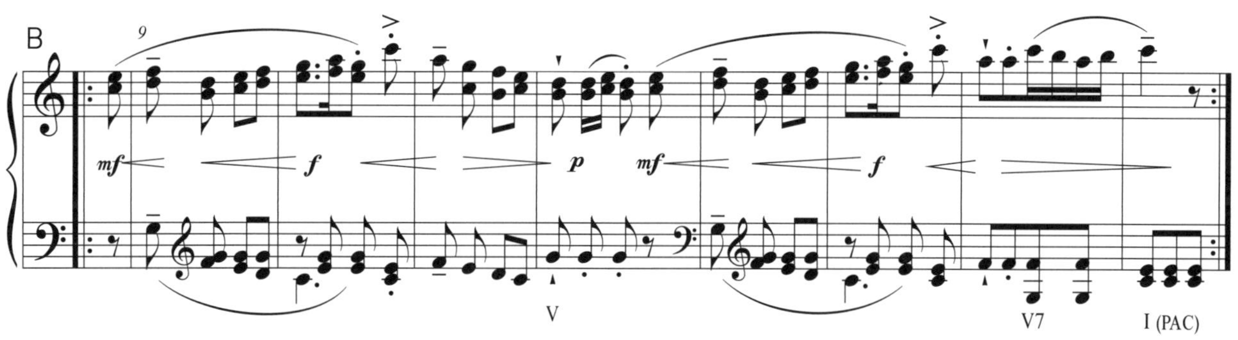

예3-3은 단락A(마디1-4)가 원조의 반종지로 마치므로 연속적 단순2부분형식에 해당한다.

▶ **예3-3.** 파가니니, <바이올린을 위한 24개의 카프리스>, Op. 1/24, 마디1-12

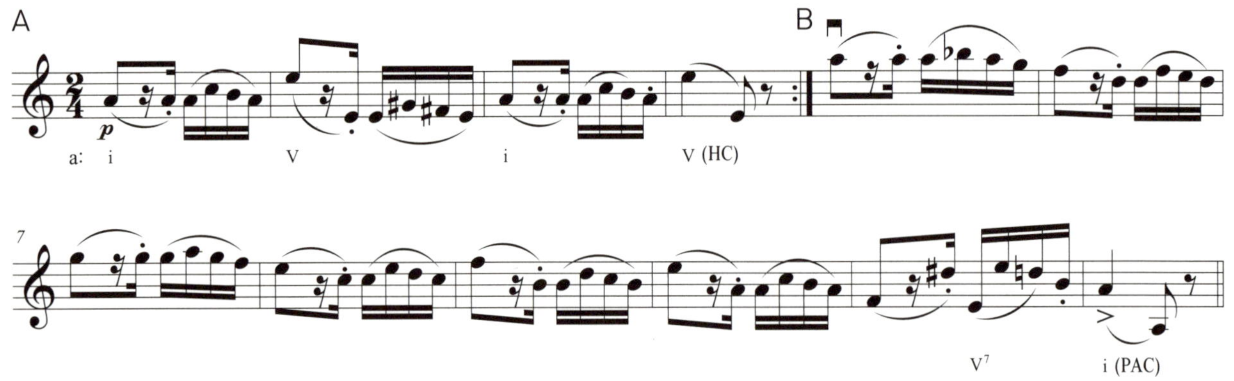

(2) 단락B

단락B는 단락A 다음에 등장하며, 주제적으로 단락A와 연관되거나 새로운 음형이 나타나 대조되기도 한다. 단순2부분형식을 살필 때, 단락B에서 확인해야 할 두 가지 중요한 사항이 있다. 첫째, 단락B에서 새로운 음형이 나타나더라도 이후 단락A의 시작 재료가 복귀하지 않는다는 점이다. 이러한 특징은 나중에 다루게 될 순환2부분형식과 구별되는 중요한 차이이다. 둘째, 단락B의 종지에서 단락A의 종지에 사용된 선율이 동일하게 사용되지 않는다는 점인데, 이것은 곧이어 다루게 될 균형2부분형식과 구별되는 차이이다.

앞에서 살펴본 예3-2에서는 단락B(마디9-16)가 유사악절로 구성되는데, 새로운 소재로 시작하며 이탈을 보여주지만, 단락A의 시작 재료가 다시 등장하지 않는다. 예3-3에서 단락B는 예3-2와 다르게 각 단락의 길이가 동일하지 않고 각각 4마디와 8마디로 비대칭적이다. 2부분형식에서 각 단락의 길이는 동일하게 나타나는 경우가 많지만, 이처럼 단락B의 길이가 더 길어지기도 한다.

2) 균형2부분형식

연속적 2부분에서 특별히 각 단락의 끝에 동일한 선율 소재를 사용하여 음악적 압운이 나타나는 경우, 균형2부분형식이라 부른다. 균형2부분형식은 연속적 2부분에서만 나타나기 때문에 '연속적'이라는 용어를 붙일 필요는 없다. 일반적으로 이 형식의 단락B는 주제적 측면에서 단락A와 연관되며, 단순2부분형식과 마찬가지로 단락A의 오프닝 소재가 다시 나타나지는 않는다.

예3-4는 균형2부분형식의 예이다. 이 곡은 도돌이표에 의해 두 개의 단락(마디1-8과 마디9-22)으로 나뉘며 단락B가 주제적으로 단락A와 연관된다. 단락A가 전조되어 A장조의 완전정

예3-4. C. P. E. 바흐, <안나 막달레나를 위한 음악수첩>, '행진곡'

격종지로 마치기 때문에 연속적 2부분형식에 해당한다. 그러나 단락B의 끝(마디21-22)에는 단락A의 종지(마디7-8)에서 사용된 선율 소재가 원조로 나타나며 각 단락의 마지막에 음악적 압운이 맞춰짐에 따라 균형2부분형식이 된다.

균형2부분형식에서 중요한 두 가지 특징은 단락A가 반드시 연속적이며, 각 부분의 종지에 동일한 선율 소재가 나타나서 음악적 압운이 형성된다는 점이다. 동일한 선율적 소재를 사용함으로써 압운은 단락B에서 원조로의 복귀를 강조하면서 각 단락의 종지에 관련성을 준다. **예 3-5**에서처럼 단락B의 후반부에 단락A의 후반부 선율 전체를 이조하여 사용해 통일성을 극대화하기도 한다.

▶ **예3-5. 모차르트, '미뉴에트', K. 1f**

2부분형식의 역사

● 서양음악사에서 2부분형식은 춤을 반주하는 반복적이고 대칭적인 악구의 기악이 발전하면서부터 빈번히 등장하였다. 17세기 대부분의 춤곡은 첫 번째 부분이 열린 연속적 2부분형식으로 두 번째 부분은 종종 주제적으로 첫 번째 부분과 연관되었고, 각 부분의 바깥쪽은 음악적 압운을 맞춘 균형2부분형식이 유행하였다. 또한 악곡의 시작 소재가 두 번째 부분 후반부에서 재현되는 순환2부분형식은 이후 등장하는 '소나타형식'을 예고하였는데, 18세기 음악이론가 코흐는 소나타형식을 2부분형식의 확장으로 보았다.[3] 한편 18세기 민속음악이나 코랄, 대조적인 분위기로 극적인 효과를 만드는 오페라 아리아에서는 첫 번째 부분이 조성적으로 닫힌 단락적 2부분형식이 사용되었다.

3) 순환2부분형식

순환2부분형식은 단순2부분형식과 마찬가지로 도돌이표에 의하여 두 개의 단락으로 구성되지만 세 개의 구별되는 형식적 기능 즉, '진술'(statement, 단락A), '이탈'(digression, 단락B), '재진술'(restatement, 단락A 혹은 A′)을 갖는다. 단순2부분형식 및 균형2부분과의 가장 큰 차이점은 단락B 이후에 단락A가 재진술된다는 점이며 바로 이러한 까닭으로 순환2부분형식은 '작은3부분형식'(small ternary form) 혹은 '축소3부분형식'(incipient ternary form)으로 불리기도 한다.[4]

(1) 단락A

순환2부분형식의 단락A는 악절, 센텐스, 이중악절 등의 주제 형식으로 나타난다. 대개 전조된 조성(장조의 경우 딸림조, 단조의 경우 관계장조)의 완전정격종지로 마쳐 연속적 순환2부분형식이 되지만, 원조의 완전정격종지로 끝맺어 단락적 순환2부분형식으로 나타나기도 한다. 이외에도 단락A는 원조의 반종지로도 마무리된다. **예3-6**은 단락A(마디1-8)가 F장조에서 딸림조인 C장조로 전조되어 끝마치는 연속적 순환2부분형식의 사례이다. **예3-7**은 단락A가 원조의 완전정격종지로 마치는 단락적 순환2부분형식에 해당한다.

▶ **예3-6.** 슈베르트, <20개의 미뉴에트>, D. 41/1

▶ **예3-7.** 모차르트, <클라리넷 5중주>, K. 581, 제4악장, 마디1-16

(2) 단락B

　단락B는 단락A 이후에 등장하며, 디자인과 조성적 측면에서 대조 혹은 이탈을 보인다. 그러나 단락B의 선율은 단락A와 다른, 새로운 소재로 나타나기보다는 대부분 단락A의 단편적 음형이 반복 또는 변형되기 때문에 대조가 분명하게 드러나지 않을 수 있다. 즉, 단락B에서 선율적 이탈은 그 강도가 다소 약할 수 있지만, 조성적 이탈만큼은 분명하게 나타나야 한다. 이러한 조성적 이탈은 원조의 딸림화음이 강조되는 현상으로도 나타나는데, 여기서 딸림화음의 연장은 단락B가 딸림화음에 도달하여 마무리됨으로써 강조된다.

　앞서 살펴본 예3-6에서 단락B(마디9-12)는 한 개의 악구로 구성되어 있다. 단락B는 단락A의 시작 마디에서 취한 음형으로 구성되어 선율적으로는 단락A와 큰 대조를 보이지는 않지만, 원조의 딸림화음을 연장하기 때문에 조성적으로 이탈한 것으로 판단한다. 반면, 예3-7의 단락B(마디9-12)는 조성과 선율적 측면에서 모두 대조를 보인다. 단락B는 딸림화음을 연장하며,

단락A와는 다른 선율 소재를 전개한다.

(3) 단락A(또는 A′)

순환2부분형식에서는 단락B 이후 단락A의 시작 소재가 원조로 재진술된다. 조성적 측면과 주제적 측면의 재등장이 이루어지는 '이중복귀'(double return, 혹은 quasi-recapitulation)는 순환2부분형식에서 반드시 충족되어야 할 조건으로,[5] 이후 다루어지게 될 3부분형식과 소나타형식에서도 필수 조건으로 나타나게 된다. 순환2부분형식에서 이중복귀는 원조에서 단락A의 시작이 그대로 재현되거나 변주되어 재현될 수 있다. 길이의 측면에서 살펴볼 때, 단락A′는 보통 단락A보다 축소되거나 동일한 길이로 나타나지만, 선율이 반복되거나 새로운 선율이 첨가되어 확장될 수도 있다. 예3-6과 예3-7은 모두 단락A′(마디13-16)에서 마디1-2의 선율 소재가 원조에서 명백히 재현되는 전형적인 순환2부분형식의 사례로, 4마디의 길이로 축소되어 원조의 완전정격종지로 마친다.

예3-8은 연속적 순환2부분형식의 또 다른 사례로, 첫 번째 도돌이표로 이루어진 단락A(마디37-44)는 딸림조로 전조된 악절로 나타난다. 두 번째 도돌이표로 시작하는 단락B(마디45-48)는 딸림화음의 연장으로 이루어진 한 개의 악구로 구성되며, 이후 단락A′(마디49-58)는 이중복귀에 의하여 재진술되는 가운데, 새로운 선율이 삽입(마디53-56)되어 길이가 확장된다. 이외에도 종지를 반복하거나, 코데타가 등장하여 단락A′가 확장될 수 있다.

▶ **예3-8.** 모차르트, <교향곡 제25번>, K. 183, 제3악장 중 '트리오', 마디37-58

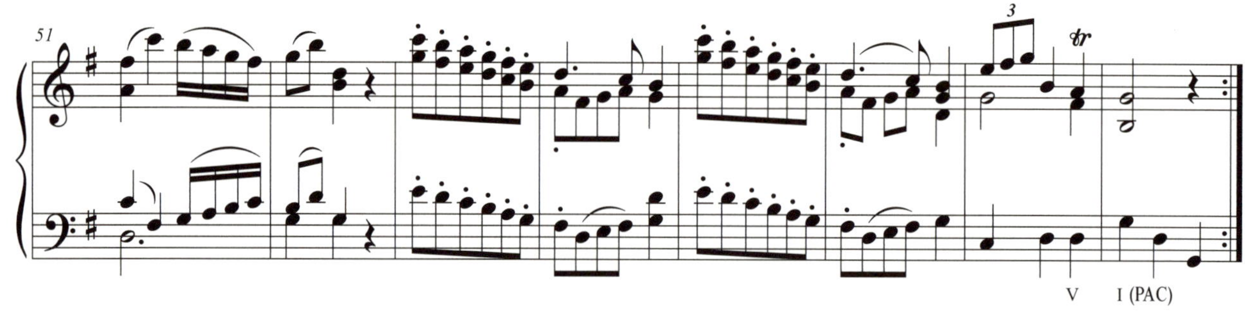

● 바로크 시대의 기악 모음곡은 빠르기와 조성의 대조를 이루는 두 단락을 반복하여 연주하던 이전 시대의 춤곡에서 유래하였다. 각각의 단락은 종종 특정한 지시 없이도 반복되었고, 고전시대부터는 반복기호가 명시되기 시작하였다.[6] 따라서 반복기호는 춤곡에 기원을 둔 2부분형식의 특징으로 볼 수 있으며, 균형2부분형식과 순환2부분형식 모두 도돌이표를 갖는다. 그라우트『서양음악사』에 제시된 18세기의 '확대된 2부분형식'의 도식에는 두 부분에 모두 도돌이표가 표기된 반면, 소나타 제1악장 형식의 바탕이 된 19세기의 '3부분형식'의 도식에는 첫 번째 부분에만 도돌이표가 포함되었다.[7] 이는 2부분형식과 3부분형식의 근원을 다르게 보는 견해를 반영하며, 2부분형식에서 도돌이표의 중요성을 시사한다.

3. 3부분형식

3부분형식은 ABA 혹은 ABA′의 세 단락으로 구성되며, 고전시대의 기악곡 및 19세기 기악 성격소품(characteristic piece)인 쇼팽의 녹턴(nocturn), 브람스(Johannes Brahms, 1833-1897)의 인터메조(intermezzo) 등에서 많이 발견된다. 이 형식은 춤곡의 각 부분을 반복하는 관습과 동떨어져 있어서 반복기호가 없는 경우가 많다. 3부분형식은 '단순3부분형식'(simple ternary form)과 '복합3부분형식'(compound ternary form)으로 구분된다.

1) 단순3부분형식

단순3부분형식은 **도식3-2**와 같이 세 개의 단락으로 구성되며, 순환2부분형식과 마찬가지로 단락A의 종지에 따라 단락적 단순3부분형식, 연속적 단순3부분형식으로 구분될 수 있다. 순환2부분형식처럼 진술(단락A), 이탈(단락B), 재진술(단락A 혹은 단락A′)의 세 가지 형식적 기능을 보이지만, BA 혹은 BA′가 도돌이표 쌍에 의하여 하나의 단락으로 간주되는 순환2부분형식과 달리, 단순3부분형식에서는 이러한 반복기호가 대부분 나타나지 않는다. 낭만주의 시대의 성격소품에서는 단락A 앞에 도입부(introduction), 단락A′ 뒤에 코다(coda)와 같은 부수적인 단락이 첨가될 수 있다.

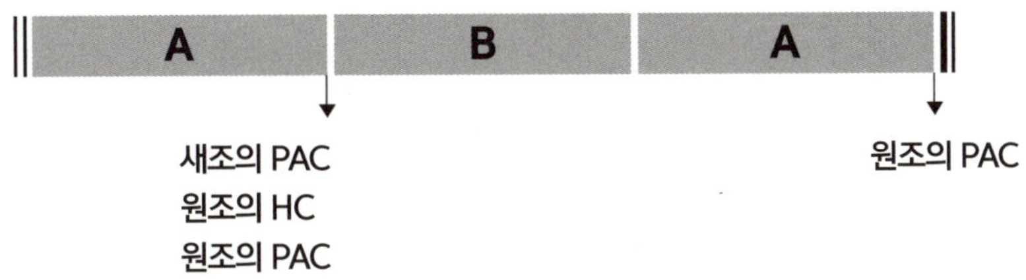

▶ **도식3-2.** 단순3부분형식의 구조

(1) 단락A

단순3부분형식은 항상 그런 것은 아니지만, 대체로 원조의 완전정격종지로 끝나기 때문에 단락적 단순3부분형식이 된다. **예3-9**는 겹세로줄과 도돌이표에 의해 세 개의 단락이 분명하게 구분되는 단순3부분형식의 예이다. 단락A(마디1-8)는 원조인 A장조의 완전정격종지로 마치며 단락적 단순3부분형식을 만든다. 대체로 단순3부분형식의 많은 악곡들이 원조에서 정격종지하는 단락적 마침을 보이지만, 연속적 마침을 보이는 악곡들도 발견된다.

▶ **예3-9.** 슈만, <어린이 정경>, Op. 15/6, '중요한 사건'

(2) 단락B

단락B에서는 선율과 조성적 측면에서 명확한 대조가 나타난다. 예3-9의 마디9-16은 단순
3부분형식의 전형적인 단락B(마디9-16)의 특징을 보여주는 예로, 단락A와 대조되는 새로운 소
재가 사용되며 또한 버금딸림조인 D장조를 통한 조성적 대조 역시 분명하다. 그러나 단순3부
분형식으로 이루어진 몇몇 곡에서는 단락B가 단락A와 다른 새로운 소재가 아닌 동일한 소재로
사용되기도 한다. **예3-10**이 그러한 사례로 단락B에서 단락A와 동일한 소재와 선율이 사용되
고 있다. 그러나 버금가온조인 F장조로 전조되고 완전정격종지함에 따라 조성적 측면에서 분명
한 대조를 성취하고 있어서 단순3부분형식으로 볼 수 있다. 즉, 단락A와 동일한 소재를 사용하
는 경우에라도 조성, 연장되는 화음, 텍스처 등에서 분명한 대조가 있다면 단순3부분형식으로
분석될 수 있다.

▶ **예3-10.** 슈만, <어린이를 위한 앨범>, Op. 68/8, '사나운 기수'

(3) 단락A′(또는 A)

재진술되는 단락A′에서는 조성 및 소재가 완전히 동일하게 시작되는 이중복귀가 필수적이
며, 길이에 있어서는 단락 A와 같거나 확장될 수 있으며 종종 축소되기도 한다. 예3-9와 예3-10
의 경우 재진술이 변화 없이 나타나기 때문에 A′가 아닌 A로 분석한다.

(4) 도입부와 코다

3부분형식은 주요 단락의 앞과 뒤에 도입부와 코다가 첨가됨에 따라 형식이 확장될 수 있
다. 도입부는 단락A의 앞에 부가적으로 붙는 단락으로 단락A의 첫 부분을 도입하는 역할을 한
다. 코다는 재진술 단락의 최종 종지 뒤에 붙는 단락으로 악곡 전체를 마무리하는 역할을 한다.
예3-11은 단락A(마디5-13), 단락B(마디13-21), 단락A′(마디21-26)로 구성된 단순3부분형식의
사례이다. 또한 단락A와 단락A′의 앞과 뒤에는 도입부와 코다가 첨가되어 악곡이 확장되었다.

'무언가'의 뜻이 '말이 없는 노래'라는 점을 생각할 때, 도입부와 코다가 '노래'의 전주와 후주 역할을 한다고 볼 수 있다.

▶ **예3-11.** 멘델스존, <무언가>, Op. 19/4

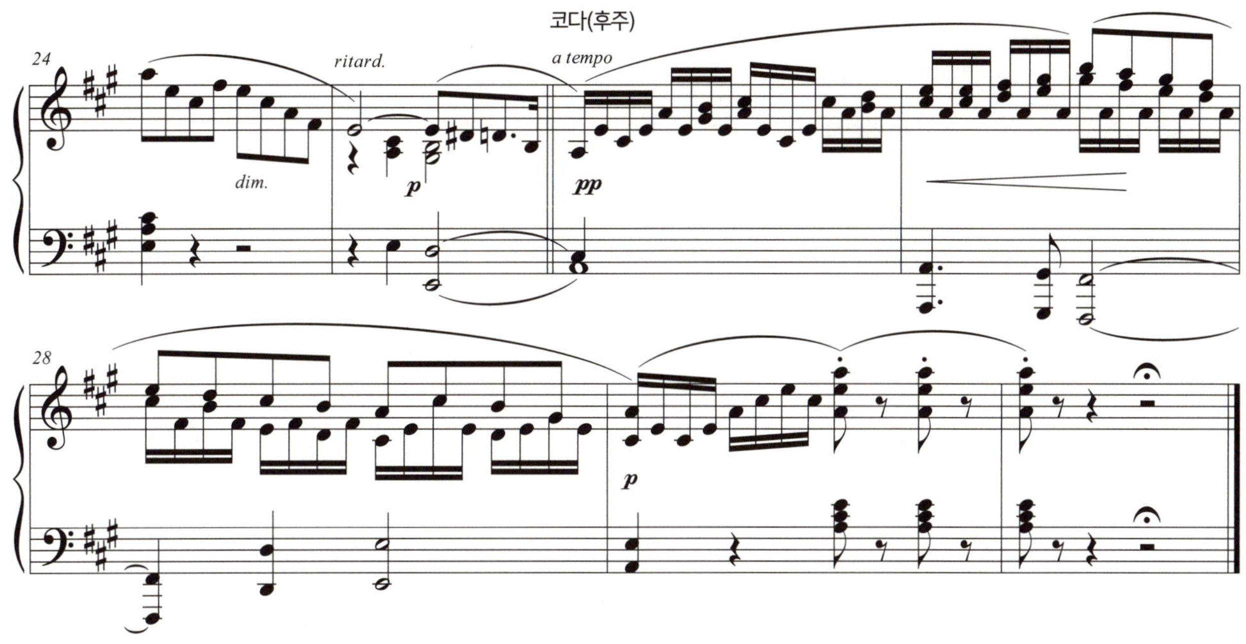

3부분형식의 역사

- 3부분형식은 극적 대조를 표현하기 위해 17세기 오페라의 아리아와 듀엣에서 다카포 형식으로 자주 등장하며 주목받았고, [8] 바로크 후기의 합창곡에 종종 사용되었다. 이후 고전 시대의 기악에서 나타나는 3부분형식은 각 단락들의 뚜렷한 경계가 흐려지며 세 부분의 연속성이 추구되었고, 단락B가 먼 조로 전조됨에 따라 마지막 단락A′와의 사이에 링크(link)나 재경과구(retransition)가 추가되었다. 낭만시대에는 마지막 부분이 다양한 형태로 확대되었고, 단락B의 음악적 아이디어로 코다를 만들어 ABAB와 같은 윤곽을 형성하기도 하였다.

[심화학습] 순환2부분과 단순3부분형식의 구별

순환2부분형식과 단순3부분형식은 둘 다 이중복귀를 갖는다는 점에서 공통된다. 이러한 공통점은 이 두 형식 간 혼란을 일으킬 수 있는 원인이 되기도 한다. 심지어 학자들 간에도 한 악곡을 두고 두 형식 사이에서 논쟁을 벌이기도 한다. 앞에서 살펴보았던 예3-10의 경우, 이중복귀가 분명하게 나타나며 단락B의 소재 역시 단락A로부터 가지고 오기 때문에 단락적 순환2부분형식으로 볼 수 있지 않을까 하는 의문을 가질 수 있다. 그러나 단락B의 마지막에 원조의 딸림화음이 강조되지 않는 점, F장조의 완전정격종지에 의하여 조성적 대조가 분명히 나타나는 점, 그리고 이와 더불어 성격소품이 작곡된 19세기가 3부분형식을 선호한다는 역사적인 사실까지 고려하면 이 곡을 단순3부분형식으로 판단함이 적절하다.

고전주의 작품에서 역시, 특별히 도돌이표에 의하여 두 부분이 명확하게 나타나는 미뉴에트나 스케르초에서 순환2부분형식과 단순3부분형식 사이에서 판단하기 어려운 곡이 존재한다. 이러한 악곡의 예시로 **예3-12**를 제시한다.

▶ **예3-12.** 베토벤, <피아노소나타 제11번>, Op. 22, 제3악장 중 '미뉴에트'

위의 악곡은 도돌이표와 이중복귀, 그리고 단락B에서 악구들의 그룹을 통하여 원조의 딸림화음에 도달한다는 점에서 ‖: A :‖: BA′ :‖ 의 전형적인 순환2부분으로 분석될 수 있을 것이다. 동시에 단락A가 원조의 완전정격종지로 나타나며 단락B에서 단락A와는 뚜렷한 대조가 선율적 소재로 등장한다는 점에서 단순3부분형식으로도 볼 수 있다. 따라서, 이 악곡에는 순환2부분형식과 단순3부분형식의 특징이 모두 나타난다. 이처럼 두 형식의 성격을 모두 갖는 악곡에서는 형식에 대하여 어떤 결정을 하던 그 형식을 결정하기까지 논리적이고 타당한 근거를 제시하면 된다. 어느 한 가지로 분석하기보다는 두 가지 형식의 관점에서 악곡을 살펴보는 과정이 분석의 묘미라는 점을 잊지 말아야 할 것이다. 이처럼 순환2부분형식과 단순3부분형식의 성격을 모두 가진 악곡으로는 하이든의 <교향곡 제101번>(*Symphony No. 101*, Hob. I:104), ‘시계’(*The Clock*), 제4악장 중 마디1~28과 베토벤의 <피아노소나타 제2번>(*Piano Sonata No. 2*, Op. 2/2), 제3악장 중 ‘스케르초’ 등이 있다.

2) 복합3부분형식

복합3부분형식이란 세 개의 큰 '부분'이 2부분형식이나 3부분형식을 포함하는 큰 형식이다. 세 부분 모두 각각 2부분형식 혹은 3부분형식의 구조를 갖기도 하며, 혹은 세 부분 중에서 하나나 두 개만 2부분형식 혹은 3부분형식으로 나타나기도 한다. 전자의 형식은 고전주의 시대의 춤곡 악장인 미뉴에트(혹은 스케르초) 악장에서 흔하게 발견된다. 일반적으로 미뉴에트(혹은 스케르초) 이후 이어지는 트리오 부분 끝에 '다카포'(da capo 혹은 DC)의 지시어를 둠에 따라 이 형식은 미뉴에트(혹은 스케르초)-트리오-미뉴에트(혹은 스케르초)의 세 개의 큰 부분으로 구성된다. 후자의 형식은 낭만주의 소품, 고전주의 작품의 느린 악장, 바로크 시대의 다카포 아리아(da capo aria)에서 찾아볼 수 있다. 이 책에서는 복합3부분형식을 다카포 춤곡, 소품 혹은 느린 악장, 다카포 아리아의 사례에 이르는, 세 유형으로 나누어 다루고자 한다.

트리오(trio)의 역사

● '트리오'라는 용어는 번갈아 등장하는 춤곡 중 가운데 춤곡을 가리키는 것으로, 18세기 '트리오소나타'의 유행과 함께 세 개의 성부를 설정한 것에서 유래하였다. J. S. 바흐는 모음곡에 부레(bourree), 가보트(gavotte), 미뉴에트(minuet), 파스피에(passepied) 등 다양한 춤곡을 트리오와 번갈아 배치하였고, 하이든은 현악4중주와 교향곡의 제2악장, 혹은 제3악장에 미뉴에트-트리오-미뉴에트를 삽입하였다. 베토벤은 네 개의 악장으로 된 피아노소나타를 발전시켰고, 하이든 전통의 미뉴에트 악장을 자주 스케르초로 대체하였다. 이후 '트리오'는 브람스(Johannes Brahms, 1833-1897), 차이콥스키(Pyotr Ilyich Tchaikovsky, 1840-1893), 부르크너(Josef Anton Bruckner, 1824-1896), 말러(Gustav Mahler, 1860-1911) 등의 교향악 작품에서 대조적이거나 가벼운 가운데 단락을 일컫는 데 사용되었다.

(1) 다카포 춤곡

고전주의와 낭만주의 소나타 장르의 중간 악장에 있는 미뉴에트(혹은 스케르초) 악장은 복합3부분형식 중 가장 대표적 유형으로, 세 부분 각각이 모두 2부분형식이나 3부분형식의 구조를 갖는다. 이때 세 부분 각각은 모두 하나의 온전한 악곡이다.

예3-13은 스케르초(마디1-27)와 트리오(마디28-43)로 구성된 악장으로, 다카포 기호가 스케르초-트리오-스케르초의 3부분 구성을 만든다. 스케르초의 단락A(마디1-16)에서는 피아노의 첫 두 악구(악구1: 마디1-4, 악구2: 마디5-8)가 딸림조인 C장조에서 완전정격종지한 후, 바이올린이 이 두 악구를 반복한다(마디9-16). 두 번째 도돌이표 안에서 단락B(마디17-20)와 단락A′(마디21-27)가 나타나는데, 이때 단락B는 단락A의 소재를 사용하면서 원조의 가온화음(Ⅲ)을

▶ **예3-13.** 베토벤, <바이올린소나타 제5번>, Op. 24, 제3악장

22
1.
2.
Fine.
22
1.
2.
Fine.
V7
I
B
C
TRIO.
29
cresc.
p
f
29
p
cresc.
f
V7
[vii°7/V]
V
D
37
p
cresc.
1.
2.
f
f DaCapo.
37
1.
2.
cresc.
f
f
V7
I
DaCapo.
I

연장한다. 원조의 딸림화음 대신 버금가온화음에 대한 딸림화음으로 마치는 것은 베토벤의 중기부터 나타나는 특징 중 하나이다. 베토벤의 중기부터는 3도관계의 조성이 많이 나타나는데 마디20에서 역시 딸림화음이 아닌, 가온화음을 사용함에 따라 단락A′의 이중복귀를 다소 모호하게 만들고 있다.

이후 단락A′에서 이중복귀가 나타나지만, 단락A에 비하여 축소되었다. 따라서 스케르초는 전형적인 연속적 순환2부분형식이 된다.

트리오는 두 개의 도돌이표에 의하여 구분되는 단락C(마디28-35)와 단락D(마디36-43)의 2부분형식이다. 단락D 어디에도 이중복귀가 이루어지지 않으므로 단순2부분형식이다. 트리오 끝에 놓인 다카포 지시어는 스케르초를 재현시킨다. 재현되는 스케르초는 그대로 순환2부분형식이다. 따라서 스케르초-트리오-스케르초로 구성된 이 악장은 복합3부분형식에 해당한다.

이 책에서 복합3부분형식을 구성하는 거시적 세 부분은 상자 모양을 사용하여 각각 Ⓐ Ⓑ Ⓐ로 표시하고자 한다. 상자 Ⓐ, Ⓑ 등은 각각이 2부분, 3부분의 부분형식을 포함하는, 더 큰 형식 단위임을 의미한다. 이러한 위계적인 표기 방식을 통하여 이 악장을 도해하면 다음과 같다 (**도식3-3**).

▶ **도식3-3.** 베토벤, <바이올린소나타 제5번>, Op. 24, 제3악장의 형식

미뉴에트	트리오	미뉴에트
A	B	A
(‖: A :‖: B A′ :‖)	(‖: C :‖: D :‖)	(‖: A :‖: B A′ :‖)

이러한 복합3부분형식은 바로크 시대의 모음곡에서도 찾아볼 수 있다. 예를 들어, 가보트 I, II 혹은 미뉴에트 I, II의 구성에서 두 번째 춤곡 끝에 놓인 다카포 지시어는 복합3부분형식을 만든다.

(2) 소품 혹은 느린 악장

복합3부분형식의 두 번째 유형은 세 부분 모두가 2부분이나 3부분의 구성을 갖지 않는 형식으로 '큰3부분형식'(large ternary form)이라고도 부른다. 주로 낭만주의 기악 소품에서 나타나며, 하이든과 베토벤 등의 고전주의 소나타 중 느린 악장에서도 볼 수 있다. 이 큰3부분형식은 미뉴에트나 스케르초 악장에서 재진술의 역할을 하는 Ⓐ가 다카포 지시어로 대체되었던 것

과 달리, 확장 혹은 축소되거나 장식되어 재진술되므로 Ⓐ에 해당하는 부분이 모두 기보된다. Ⓑ와 재진술되는 Ⓐ가 재경과구로 연결될 수 있고, 각 부분에 코데타와 경과구가 올 수 있다. 또한, 끝에 코다가 오기도 한다. **예3-14**는 큰3부분형식의 예이다.

▶ **예3-14.** 베토벤, <피아노소나타 제4번>, Op. 7, 제2악장

경과구
B 악구1
sempre ten.
pp
pp
V₇
I (PAC)
A♭: V
I
sempre stacc.
V₇
I
악구2
sfp
f
pp
f: V₆
V₇
i
악구3
ten.
f
sf
sf
f
stacc.
D♭: I
c: iv₆
Ger.⁺⁶
악구4(재경과구)
tenute.
f
pp
p < sf
pp
pp
ten.
pp
V

45
sf sf sf sf sf sf f > p
A'
A
50
pp
te - nu - te
V₇
p
I
sf
57
B
tenute.
rin f.
< >
sf
< >
sf
3
3
3
6
V₇
I (PAC)
G:V₃⁴
I
63
A'
sfp
f
V₇
I
< >
67
sf
rin f.
sf
sf
sf
pp
ff

코다

이 악곡은 Ａ Ｂ Ａ로 구성된 큰3부분형식으로, Ａ(마디1–24)와 Ａ'(마디51–74)는 ABA의 순환2부분형식 혹은 단순3부분형식,[9] Ｂ(마디25–50)는 악구그룹으로 구성된다. Ａ와 Ｂ 사이에는 두 조성인 C장조와 A장조를 연결하는 짧은 경과구(마디24)가 있으며, Ｂ의 마지막 악구(마디37–50)에는 이중복귀로 시작하는 Ａ를 자연스럽게 연결하는 원조의 딸림화음이 강조되고 있다. 또한 Ａ 뒤에 붙는 코다(마디74–90)는 악장을 마무리한다. 경과구와 코다와 같은 부가적인 패시지는 이처럼 악곡을 확대하는 역할을 한다. 악곡의 도해는 다음과 같다(**도식3-4**).

▶ **도식3-4.** 베토벤, <피아노소나타 제4번>, Op. 7, 제2악장의 형식

Ａ － 경과구 － Ｂ － 재경과구 － Ａ' － 코다
（ＡＢＡ'）　　　　　　　（악구그룹）　　　　　　（ＡＢＡ'）

(3) 다카포 아리아

'다카포 아리아'(da capo aria)란 바로크 시대의 성악 장르에서 등장한 형식으로, Ａ와 Ｂ 이후 놓인 다카포 지시어에 의해 Ａ가 재현되는 구성이라는 점에서 다카포 춤곡과 유사하다. **예3-15**는 다카포 아리아의 형식을 보여준다.

▶ **예3-15.** 스카를라티, <매혹적이고 아름다운 클로리스>, '네, 네 내 사랑'

sí __ ben mio sí sí an - cor __ vor-rei __ te, per te per te __ più pe - ne al Co -
- re più pe - ne al Co - re, sí sí mio ben __ mio ben sí
리토르넬로
B
g: V i (PAC)
sí an-cor vor-rei __ vor-rei per te, più pe - ne, più pe - ne vor-rei __ per te più
코다
pe - ne al Co - re, sí sí mio ben vor - rei,
d: V i (PAC)

vor-rei più pe - ne, più pe - ne al Co - re; per te   vor-rei,

mio ben   vor-rei più pe - ne, più pe - ne al Co - re;   più

B
pe - ne al Co - re.   pie - to - sa al mio do - lo - re for -
[Fine]
[Fine]
d: V   i (PAC)   F: V   I
피네

76
- se di - re - sti un di; "chi vid - de mag - gion fè, più fi - do a - mo - re?"
76
g: V —4/2 i6 —5/3

79
pie - to - sa al mio do - lo - re for - se, for - se di - re - sti un di: chi
79
a: V C: V6 I

82
vid - de mag - gior fè, più fi - do, più fi - do a - mo - re, più fi - do a - mo -
82
F: V

앞서 살핀 복합3부분형식의 두 유형과 같이, 다카포 아리아 형식에서도 Ⓐ는 2부분 혹은 3부분형식으로 나타난다. 이 악곡에서 Ⓐ(마디51-73)는 단락A와 B로 구성된 2부분형식이다. 네 마디의 기악 전주인 리토르넬로(ritornello) 이후 D단조로 시작하는 단락A(마디55-59)는 마디 58-59에서 G단조의 완전정격종지로 마친다.[10] 마디59의 리토르넬로 간주를 거쳐 등장하는 단락B(마디60-64)는 마디64에서 원조인 D단조로 복귀하여 완전정격종지한다. 단락B 이후 종지를 연장하는 코다가 뒤따른다.[11] Ⓑ(마디74-87)는 F장조로 Ⓐ와 분명한 조성적 대조를 주며 시작하지만, G단조, C장조, F장조를 거쳐 A단조에서 완전정격종지한다(피카르디3도). 이처럼 다카포 아리아 형식에서 Ⓑ는 일반적으로 하나의 조성에서 펼쳐지지 않고, 한 조성에서 다른 조성으로 전조하는 '과정'으로 구성된다. **표3-1**은 단락별 조성의 변화를 보여준다.

▶ **표3-1.** 스카를라티, '네, 네 내 사랑'의 단락별 조성 변화

단락	Ⓐ					Ⓑ	Ⓐ
하위 단락	리토르넬로	A	리토르넬로	B	코다		
마디	51-54	54-59	59	60-64	64-73	74-87	
조성	d	d-g	g	g-d	d	F-g-C-F-a	다카포
조성구조	i	i - iv	iv	iv - i	i	III - v	i

Ⓑ의 끝에는 다카포의 지시어에 따라 처음으로 되돌아간 후 피네(fine)에서 최종적으로 마무리되며 Ⓐ Ⓑ Ⓐ의 복합3부분형식이 완성된다. **도식3-5**는 '네, 네 내 사랑'의 형식 도해이다.

▶ **도식3-5.** 스카를라티, '네, 네 내 사랑'의 형식

A   B   A

리토르넬로–A–리토르넬로–B–코다 악구그룹 리토르넬로–A–리토르넬로–B–코다

다카포 아리아의 역사

● 복합3부분형식의 대표적인 형태인 다카포 아리아는 초기 오페라인 몬테베르디(Claudio Monteverdi, 1567–1643)의 <오르페오>(L'Orfeo, 1607)에서 찾아볼 수 있으며, 18세기의 오페라, 칸타타, 오라토리오와 같은 성악 장르에서 표준으로 사용되었다. 다카포 아리아에서는 B 이후 재현하는 A 에서 성악가는 화려한 기교에 기초한 정교한 장식을 뽐낸다. 일부 바로크 오페라에는 다카포 대신 마지막 A 의 길이를 축소해 특정 부분만을 반복하는 달 세뇨(dal segno)가 사용되기도 하였다.

용어

1부분형식(singular form): 악절, 이중악절 등으로 구성된 하나의 완전한 악곡으로, 끝에 완전정격종지로 마친다.

균형2부분형식(balanced binary form): 연속적 단순2부분형식에서 첫 번째 단락의 종지를 형성하는 딸림화음의 선율이 두 번째 단락의 종지에서 으뜸화음 배경으로 재등장하여 두 부분 사이에 음악적 압운이 이루어지는 경우를 말한다.

다카포 아리아(da capo aria): 바로크 후기의 칸타타와 오페라 세리아의 아리아에서 시작된 것으로, 시작 아리아가 대조적인 아리아 이후 장식되어 재등장하는 것을 말한다.

단순2부분형식(simple binary form): 도돌이표에 의한 두 개의 부분으로 구성되며 단락 B에서 A의 시작 또는 끝부분 소재가 사용되지 않는다.

단순3부분형식(simple ternary form): (일반적으로 도돌이표 없이) 세 부분으로 구성되며 각 단락은 조성 및 소재에 의해 분명하게 독립된다.

단락적(sectional): 첫 번째 단락이 원조의 정격종지로 마치며 다음 단락과 완전히 분리됨을 의미한다.

미뉴에트(minuet)–트리오(trio): 서로 다른 춤곡 악장을 번갈아 연주하는 데에서 유래한 것으로, 미뉴에트가 트리오와 번갈아 등장하는 하이든의 춤곡 악장은 현악4중주와 교향곡의 한 악장으로 정형화되었다.

복귀(return): 처음 단락의 시작에서 사용된 조성이나 선율이 대조되는 단락 이후에 되돌아오는 것을 의미한다.

복합3부분형식(compound ternary form): 세 개로 구분되는 큰 '부분'들이 각각 2부분 혹은 3부분의 작은 형식을 포함하는 것으로, 바로크 시대의 다카포 아리아, 고전시대의 춤곡 악장, 낭만주의 소품 등에서 발견된다.

삽입(interpolation): 논리적으로 연결되는 두 개의 부분 사이에 이들과 관련성이 없는 소재나 선율을 끼워 넣는 경우를 말한다.

순환2부분형식(rounded binary form): 도돌이표에 의하여 두 개의 단락으로 이루어진 형식으로 세 개의 형식적 기능인 진술–이탈(대조)–재진술(재현)을 갖는다.

스케르초(scherzo)–트리오(trio): 베토벤은 미뉴에트와 트리오가 반복되는 전형적인 하이든의 춤곡 악장을 종종 빠르고 해학적인 스케르초로 대체하여 스케르초–트리오–스케르초의 형태로 사용하였다.

연속적(continuous): 첫 번째 단락이 원조의 딸림화음이나 딸림조나 관계조의 정격종지로 마치며 다음 단락과 완전히 분리되지 않고 연속적인 관계를 갖는 것을 의미한다.

음악적 압운(musical rhyme): 압운이란 시 행의 일정한 자리에 발음이 비슷한 음절이 규칙적으로 놓이는 현상으로, 음악적 압운이란 비슷한 선율적 소재가 뒤에 등장하는 악구의 같은 자리에 등장하는 현상을 뜻한다.

이중복귀(double return, 혹은 quasi-recapitulation): 악곡에서 재현이 이루어질 때 조성적인 면과 선율적인 면 모두에서 복귀가 이루어지는 것으로, 순환2부분형식의 경우 두 번째 부분의 끝에서 시작 부분의 조성과 선율 재료가 재등장한다.

이탈(대조)(digression, contrast): 순환2부분형식 혹은 단순3부분형식의 두 번째 단락으로, 대개 조성적 이탈이 나타나며 일반적으로 B로 표기한다.

작은3부분형식(small ternary form): 순환2부분형식을 일컫는 또 다른 명칭으로 캐플린(William Caplin)에 의하여 정의된 용어이다.

진술(statement): 순환2부분형식 혹은 단순3부분형식의 첫 단락으로, 원조의 PAC, 전조된 조성의 PAC, 원조의 HC로 마치며 일반적으로 A로 표기한다.

재경과구(retransition): 단락 B의 마지막 부분에 나타나며 대개 원조의 딸림화음에 도달함에 따라 단락 A를 자연스럽게 연결한다.

재진술(재현)(restatement, return): 순환2부분형식 혹은 단순3부분형식의 세 번째 단락으로, 단락 A의 오프닝 소재가 원조로 재현되며 일반적으로 A′로 표기한다.

축소3부분형식(incipient ternary form): 순환2부분형식을 일컫는 또 다른 명칭으로 베리(Wallace Berry)에 의하여 정의된 용어이다.

코데타(codetta): 완전정격종지와 함께 단락을 마무리하는 부분으로, 대개 으뜸화음의 연장으로 나타난다.

실습 문제 3

1. 다음은 쇼팽의 <24개의 전주곡>, Op. 28 중 제9번이다. 아래의 질문에 답하시오.

1) 이 악곡에 나타나는 악구들의 종지를 분석하고 구조를 파악하시오.

2) 악곡의 중간에 완전정격종지에 의해서 단락 분할의 요인이 생기는지 확인하시오.

3) 위의 답들을 고려하여 악곡의 형식을 밝히시오.

1) 마디4에서 반종지(V_5^6), 마디8에서 반종지(V^7), 마디11-12에서 완전정격종지(V-I)로 두 개의 선행악구와 한 개의 후행악구로 이루어진 비전형적악절이다.

2) 악곡의 중간에 완전정격종지가 나타나지 않으므로 단락 분할이 생기지 않는다.

3) 마지막에 단 한 번의 완전정격종지로 마치는 비전형적악절로 구성된 1부분형식이다.

2. 다음은 슈베르트의 <왈츠>, Op. 9, D. 365 중 제16번이다. 아래의 질문에 답하시오.

1) 이 악곡은 크게 몇 개의 단락으로 구분되는지 밝히고, 알파벳 문자명으로 단락 명칭을 적으시오.

2) 각 단락의 종지를 분석하고, 단락A의 종지가 연속적인지 단락적인지 밝히시오.

3) 단락B의 선율 및 종지를 단락A와 비교하시오.

4) 위의 답들을 고려하여 악곡의 형식을 밝히시오.

모범답안

1) 도돌이표에 의해 두 개의 단락으로 구분되며, 각 단락은 A(마디1-8)와 B(마디9-16)로 표기한다.

2) 단락A와 단락B 모두 원조인 A장조의 완전정격종지(V^7-I)로 마치며, 단락A의 종지는 단락적이다.

3) 단락B에서는 새로운 선율 소재를 사용하고 있으며 이후 오프닝 소재가 재현되지 않는다. 또한 각 단락의 끝에 동일한 소재의 압운이 나타나지 않는다.

4) 단락적 단순2부분형식 (단락A의 종지가 단락적이기 때문에 균형2부분형식이 될 수 없다.)

3. 다음은 베버(Carl Maria von Weber, 1786-1826)의 <6개의 에코세즈>(6 Ecossaises), J. 30 중 제2번이다. 아래의 질문에 답하시오.

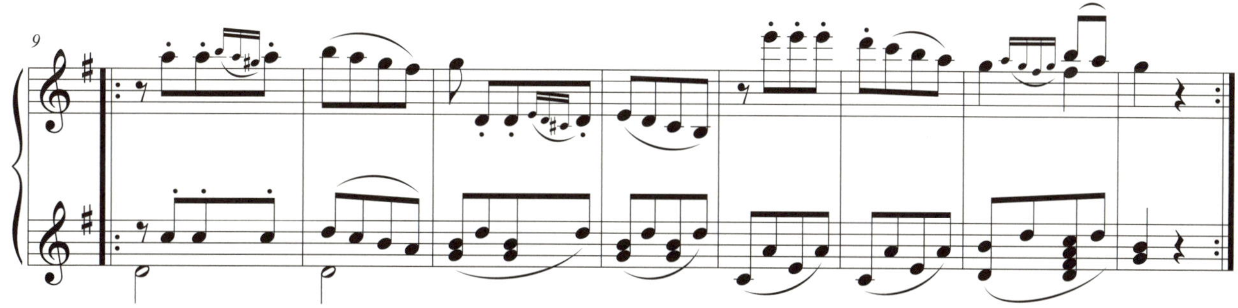

1) 이 악곡은 크게 몇 개의 단락으로 구분되는지 밝히고, 알파벳 문자명으로 단락 명칭을 적으시오.

2) 각 단락의 종지를 분석하고, 단락A의 종지가 연속적인지 단락적인지 밝히시오.

3) 단락B의 선율 및 종지를 단락A와 비교하시오.

4) 위의 답들을 고려하여 악곡의 형식을 밝히시오.

모범답안

1) 도돌이표에 의해 2개의 단락으로 구분되며, 각 단락은 A(마디1-8)와 B(9-16)로 표기한다.

2) 단락A는 G장조에서 딸림조인 D장조로 전조하여 완전정격종지로 마치기 때문에 연속적이고, 단락B는 원조인 G장조의 완전정격종지로 마친다.

3) 단락B에서는 새로운 선율 소재를 사용하고 있으며 이후 오프닝 소재가 복귀하지 않는다. 또한 단락B의 종지에서 단락A의 종지와 동일한 소재의 압운이 나타나지 않는다.

4) 연속적 단순2부분형식 (단락A의 종지가 연속적이지만 각 부분의 마지막에 압운이 나타나지 않으므로 균형2부분형식이 될 수 없다.)

4. 다음은 C. P. E. 바흐의 <안나 막달레나를 위한 음악수첩>, '행진곡'(BWV Anh. 124)이다. 아래의 질문에 답하시오.

1) 이 악곡은 어떻게 둘로 나뉘는지 밝히고, 알파벳 문자명으로 단락 명칭을 적으시오.

2) 단락A와 단락B의 선율적 소재 및 종지를 비교하시오.

3) 각 부분의 종지에서 압운이 나타나는지 확인하시오.

4) 위의 답들을 고려하여 곡의 형식을 밝히시오.

1) 도돌이표에 의해 두 개의 단락으로 구분되며, 각 단락은 A(마디1-9)와 B(마디10-22)로 표기한다.

2) 단락A의 종지는 원조인 G장조에서 딸림조인 D장조로 전조하여 완전정격종지로 마치기 때문에 연속적이고, 단락B는 원조의 완전정격종지로 마친다. 단락B에서 사용된 선율은 단락A와 연관된다.

3) 단락A의 끝은 딸림조인 D장조에서, 단락B의 끝은 원조에서 동일한 선율을 사용하므로 종지의 압운이 나타난다.

4) 단락A의 종지가 연속적이면서 각 부분의 끝에 압운이 나타나므로 균형2부분형식이다.

5. 다음은 슈베르트의 <20개의 미뉴에트>, D. 41 중 제2번이다. 아래의 질문에 답하시오.

1) 단락A에 해당하는 마디1–8에서 나타나는 조성의 변화를 적으시오.

2) 단락B(마디9–12)의 선율과 조성(혹은 화성구조)을 단락A와 비교하시오.

3) 단락A′(마디13–16)의 선율과 조성, 그리고 길이를 단락A와 비교하시오.

4) 도돌이표의 유무와 위의 답들을 고려하여 악곡의 형식을 밝히시오.

모범답안

1) 단락A는 F장조에서 딸림조인 C장조로 전조되어 완전정격종지로 마친다.

2) 단락B는 단락A의 선율적 소재를 사용하여 원조의 딸림화음 연장으로 나타난다.

3) 단락A′는 원조에서 마디1–2의 시작 선율로 재진술되는 이중복귀를 보인다. 길이는 축소되었다.

4) 도돌이표에 의한 두 개의 부분으로 구성되며 진술(단락A), 이탈(단락B), 재진술(단락A′)의 형식적 기능을 보이는 연속적 순환2부분형식이다.

6. 다음은 모차르트의 <피아노소나타 제6번>, K. 284, 제3악장 중 마디1–17이다. 아래의 질문에 답하시오.

1) 단락A에 해당하는 마디1-8에서 나타나는 조성의 변화를 적으시오. 또한 각 악구의 종지 유형을 통하여 마디1-8에서 나타나는 주제형식을 밝히시오.

2) 단락B(마디9-12)의 선율과 조성(혹은 화성구조)을 단락A와 비교하시오.

3) 단락A′(마디13-17)의 선율과 조성, 그리고 길이를 단락A와 비교하시오.

4) 도돌이표의 유무와 위의 답들을 고려하여 악곡의 형식을 밝히시오.

모범답안

1) D장조에서 A장조로 전조됨. 선행악구(마디1-4)는 원조에서 반종지하며, 후행악구(마디5-8)는 딸림조의 완전정격종지한다. 후행악구의 앞 부분이 선행악구와 닮아 유사악절(a+a′)이 된다.

2) 단락B는 단락A의 선율적 소재를 사용하고, 마디12에서 원조의 딸림화음에 도달함으로 딸림화음을 강조하며 단락A와 대조를 보인다.

3) 단락A′는 원조에서 마디1-2의 시작 선율로 재진술되는 이중복귀를 보인다. 길이는 축소되었다.

4) 도돌이표에 의한 두 개의 부분으로 구성되며, 전조된 유사악절의 단락A(마디1-8) 다음에 대조되는 단락(B)가 전개된 후 단락A가 재진술된다. 따라서 진술(단락A), 이탈(단락B), 재진술(단락A′)의 형식적 기능을 보이는 연속적 순환2부분형식이다.

7. 다음은 베토벤의 <피아노소나타 제15번>, Op. 28, 제3악장 '스케르초'이다. 아래의 질문에 답하시오.

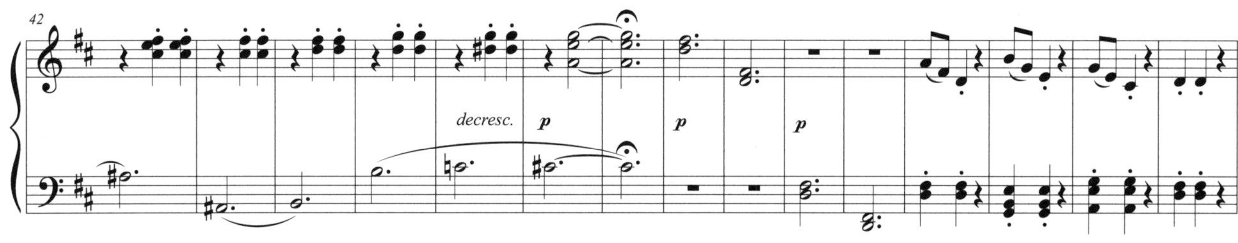

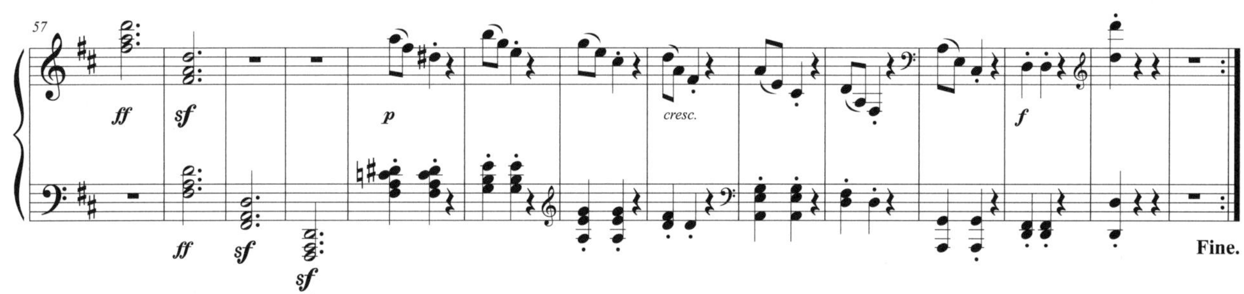

1) 단락A(마디1-32)에서 나타나는 조성의 변화를 적으시오. 또한 마디1-16과 마디17-32를 선율과 화성, 그리고 조성적 측면에서 살피고, 이를 통하여 도돌이표가 왜 생략되었는지 논하시오.

2) 단락B(마디33-48)의 선율과 조성(혹은 화성구조)을 단락A와 비교하시오.

3) 단락A´(마디49-70)의 선율과 조성, 그리고 길이를 단락A와 비교하시오.

4) 도돌이표의 유무와 위의 답들을 고려하여 악곡의 형식을 밝히시오.

모범답안

1) 마디1–16에서는 D장조에서 딸림조인 A장조로 전조되며, 마디17–32에서 다시 D장조에서 A장조로의 전조를 보인다. 즉, 마디17–32는 마디1–16을 더블링(doubling)과 음의 첨가 등으로 화음을 강화할 뿐 기본적으로 반복하기 때문에, 이 반복은 도돌이표의 역할을 대신한다.

2) 단락B의 왼손성부는 단락A의 오른손 성부의 소재를 사용하며, 화성적으로는 동형진행을 통하여 원조의 딸림7화음(마디47–48)에 도달한다.

3) 단락A′는 원조에서 단락A의 시작 선율로 재진술되는 이중복귀를 보인다. 길이는 축소되었다.

4) 도돌이표를 대신하는 단락A의 반복은 진술(단락A)의 기능을 보이며, 이후 이탈(단락B)과 재진술(단락A′)이 나타나므로, 이 악곡은 연속적 순환2부분형식으로 구성된다.

8. 다음은 슈만의 <어린이를 위한 앨범>(Op. 68) 중 제9번 '민요'(Folk Song)이다. 아래의 질문에 답하시오.

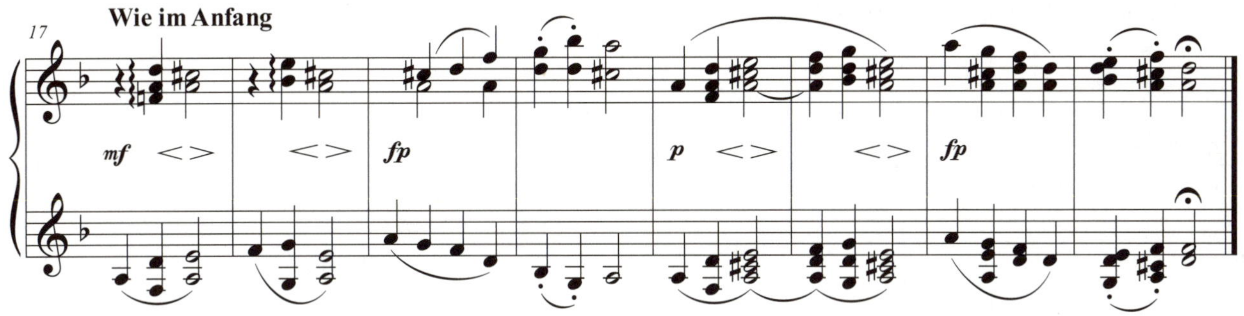

1) 단락A에 해당하는 마디1~8의 조성을 밝히시오. 또한 각 악구의 종지 유형을 통하여 마디1~8에서 나타나는 주제 형식을 밝히시오.

2) 단락B(마디9~16)의 선율과 조성을 단락A와 비교하시오.

3) 단락A´(마디17~24)의 선율과 조성, 그리고 길이를 단락A와 비교하시오.

4) 위의 답들을 고려하여 이 악곡이 순환2부분형식이 아닌 단순3부분형식의 측면인 근거를 설명하시오.

모범답안

1) 단락A는 D단조로 악구1(마디1-4)과 악구2(마디5-8)는 각각 반종지와 완전정격종지로 나타난다. 따라서 단락A는 유사악절(a+a´)을 보인다.

2) 단락B는 선율적 변주로 나타나지만 조성적인 측면에서 단락A의 같은으뜸음조인 D장조로 나타나며, 악상기호를 통한 음악적 대조가 나타난다.

3) 단락A´는 단락A의 오른손과 왼손 성부가 바뀌어 나타날 뿐 동일한 조성으로 재현되며, 길이 역시 동일하다.

4) 단락A가 원조의 완전정격종지로 나타난다는 점, 단락B가 조성적으로 그리고 악상기호를 통하여 단락A의 대조로 나타난다는 점에서 이 악곡은 단순3부분형식의 측면이 강하다.

9. 다음은 하이든의 <피아노소나타 제42번>, Hob. XVI: 27, 제2악장 '미뉴에트'이다. 아래의 질문에 답하시오.

26
dim.
p
33
a tempo
f
p
38
f
3/4
3/4
43
Trio
3/4
p espr. a legato
tr
tr
3/4
49
mf
f

Minuetto Da Capo

1) '미뉴에트'와 '트리오'의 조성을 밝히시오.

2) 다카포 지시어를 고려하여 이 곡의 연주 순서를 제시하시오.

3) '미뉴에트'(Ⓐ)의 형식을 밝히고, 그 근거를 설명하시오.

4) '트리오'(Ⓑ)의 형식을 밝히고, 그 근거를 설명하시오.

5) 위의 답들을 고려하여 이 곡의 전체 형식을 밝히시오.

모범답안

1) '미뉴에트'는 G장조이며, '트리오'는 G단조이다.

2) '미뉴에트' → '트리오' → '미뉴에트'

3) '미뉴에트'는 연속적 순환2부분형식으로 구성된다. '미뉴에트'의 단락A(마디1-14)는 G장조에서 D장조로 전조되며, 두 개의 악구(악구1: 마디1-4, 악구2: 마디5-14)로 구성된다. 이들 악구는 각각 원조의 반종지와 딸림조의 완전정격종지로 나타나고 동일한 선율로 시작함에 따라 유사악절의 주제형식을 구성한다. 단락B(마디15-24)는 단락A의 선율적 소재를 사용하면서 원조의 딸림화음에 도달한다. 단락A'(마디25-42)에서는 이중복귀로 시작하며 허위종지(마디33-34)에 의하여 악구가 확장된다.

4) '트리오'에서는 순환2부분형식과 단순3부분형식의 성격이 모두 보인다. 단락C(마디43-50)는 전형적인 센텐스의 주제형식으로 구성되며, 이후 등장하는 단락D(마디51-58)에서는 단락C의 선율적 소재가 사용되면서도 Bb장조의 완전정격종지에 도달됨으로써 단순3부분형식의 중요한 특징인 조성적 대조가 강조된다. 단락C'(마디59-66)는 이중복귀로 시작하여 원조의 완전정격종지로 마친다.

5) Ⓐ Ⓑ Ⓐ로 구성된 복합3부분형식이다.

10. 다음은 하이든의 <현악4중주 제59번>, Op. 74 중 제3번, 제2악장이다. 아래의 질문에 답하시오.

33
m.v.
38
m.v.
m.v.
m.v.
3
3
3
42
6
cresc.
ff
cresc.
ff
cresc.
ff
cresc.
ff

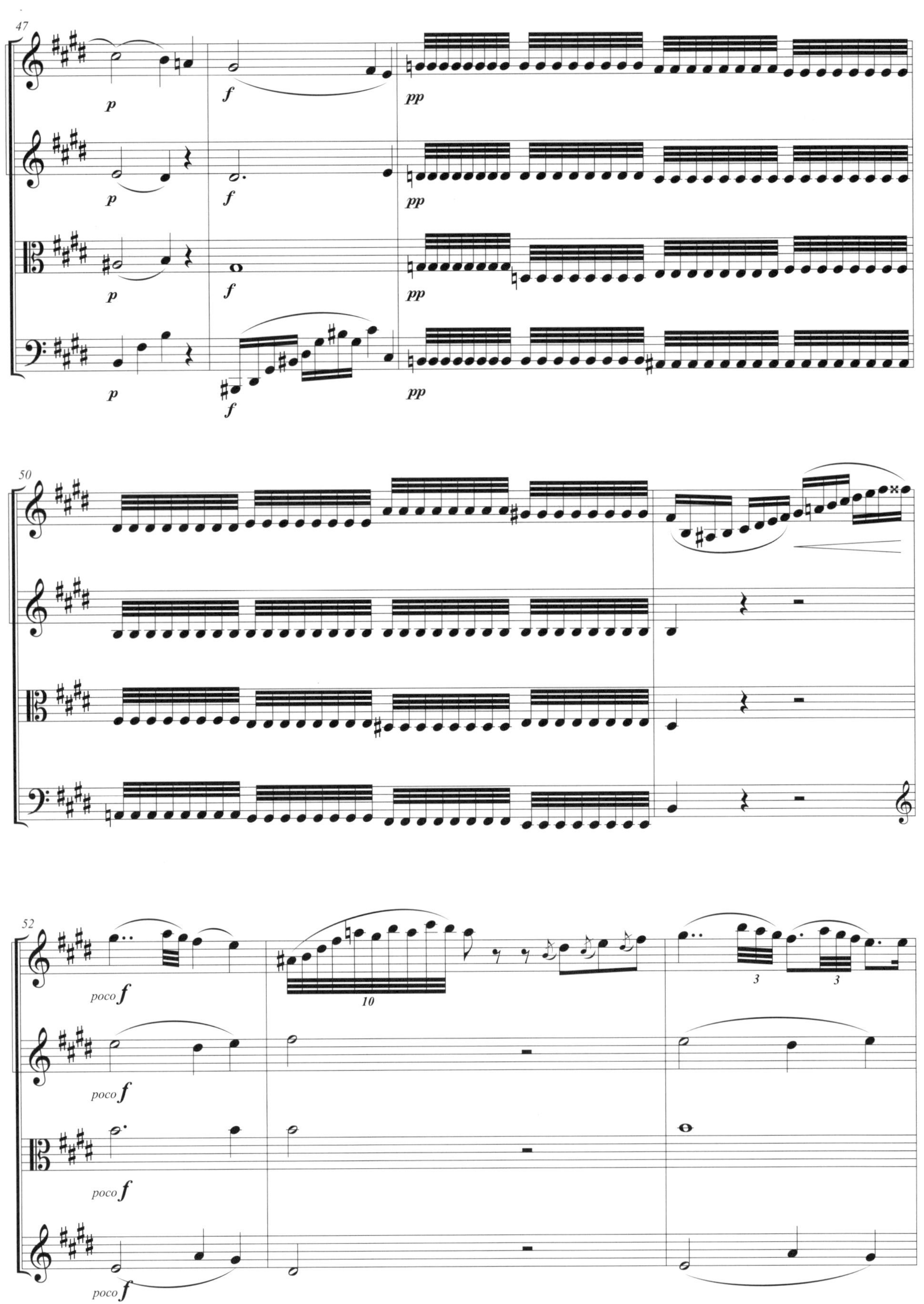

47
p
f
pp
p
f
pp
p
f
pp
p
f
pp
50
poco f
10
52
poco f
poco f
poco f
3
3

1) 마디1–22의 형식을 밝히고, 그 근거를 설명하시오.

2) 마디38–59를 마디1–22와 비교하시오.

3) 위의 답들을 고려하여 마디23–37의 음악적 특징을 설명하시오.

4) 위의 답들을 고려하여 악곡 전체의 형식을 밝히시오.

5) 마디60–64의 역할을 설명하시오.

모범답안

1) 마디1-22는 단락A(마디1-10), 단락B(마디11-14), 단락A′(마디15-22)로 구성된 연속적 순환2부분형식이다. 단락A 는 딸림조의 완전정격종지로 마치며, 단락B는 단락A의 선율적 소재를 사용하면서 원조의 딸림화음에 도달한 다. 이후 단락A′는 이중복귀와 함께 원조의 완전정격종지로 마친다.

2) 마디1-22에서는 도돌이표에 의하여 명확하게 2부분형식이 제시되었다면, 마디38-59에서는 도돌이표가 삭제 되고 선율 변주를 통하여 재진술된다.

3) 마디23-37은 두 개의 악구로 구성된다. 악구1(마디23-30)에서는 E단조에서 C장조로의 전조를 보이며, 이후 악 구2(마디31-37)는 동형진행을 통하여 이 악장의 원조인 E장조의 딸림화음에 도달하는 재경과구로 이후 단락 <A′>의 이중복귀를 유도한다.

4) Ⓐ Ⓑ Ⓐ로 구성된 복합3부분형식이다.

5) 악장 전체를 마무리하는 코다이다.

11. 다음은 헨델(George Frideric Handel, 1685-1759)의 오페라, <리날도>(Rinaldo)에서 발췌한 아리아 '울게 하소 서'(Lascia ch'io pianga)이다. 아래의 질문에 답하시오.

spi - ri La li - - - ber - tà   La - scia ch'io pian - ga
Mia cru - da sor - te   E che so - - spi - ri   La
li - - - ber - tà
Il duo'lo in - fran - ga
Fine

1) Ⓐ(마디1–22)의 형식을 밝히고, 그 근거를 설명하시오.

2) Ⓑ(마디31–42)를 Ⓐ(마디1–22)와 비교하시오.

3) 다카포 지시어를 고려하여 이 곡의 연주 순서를 제시하시오.

4) 이 곡의 장르와 위의 답들을 고려하여 이 곡 전체 형식을 밝히시오.

모범답안

1) Ⓐ(마디1–30)는 단락A(마디1–8), 단락B(마디9–14), 단락A′(마디15–22+기악반복:마디23–30)로 구성된 단락적 3부분형식이다. 단락A는 원조인 F장조의 완전정격종지로 마치며, 단락B는 단락A의 선율적 소재를 사용하지만 C장조로 조성적 대조를 분명하게 보여준다. 이후 단락A′는 이중복귀와 함께 원조의 완전정격종지로 마치며 기악반복이 뒤따른다.

2) Ⓐ(마디1–22)에서는 완전정격종지에 의하여 ABA′의 3부분형식이 명확하게 제시되었다면, Ⓑ(마디31–42)에서는 D단조에서 A단조로 전조를 보여주며 소악구1(마디31–34), 소악구2(마디35–38), 소악구3(마디39–42)의 소악구 그룹으로 구성된다. 즉, 마지막에 A단조의 완전정격종지로 마치는 하나의 악구가 단락C가 된다.

3) Ⓐ Ⓑ Ⓐ

4) 이 곡은 Ⓐ Ⓑ Ⓐ의 복합3부분형식의 유형 중 하나로, 특별히 성악곡의 오페라 아리아에서 나타나는 형식으로 다카포 아리아에 해당한다. Ⓐ는 ABA′, Ⓑ는 C로 나타난다.

[분석 악곡 3]

1) 다음은 1부분형식의 악곡이다. 악구 및 종지를 분석하고 1부분형식으로 분석할 수 있는 근거를 설명하시오.

  (1) J. S. 바흐, <평균율 클라비어곡집, 제1권>(The Well-Tempered Clavier, Book I), 제1번 C장조, BWV 846, '프렐류드와 푸가'(Prelude and Fugue) 중 '프렐류드'

  (2) 쇼팽, <24개의 전주곡>, Op. 28, No. 1

  (3) 쇼팽, <24개의 전주곡>, Op. 28, No. 7

  (4) 슈베르트, 가곡, <음악에>(An die Musik)

2) 다음은 단순2부분과 균형2부분형식의 악곡이다. 단락을 나누고 각 단락의 특징을 설명한 후 형식을 밝히시오.

  (1) 퍼셀(Henry Purcell, 1659-1695), <하프시코드 조곡>(Harpsichord Suites), Z. 660 중 '미뉴에트'

  (2) 헨델, <하프시코드를 위한 조곡>(Harpsichord Suites), HWV 429, 제4번 중 '알라망드'

  (3) 하이든, <피아노 3중주>, Hob. XV:14, 제2악장, 마디1-16

  (4) 베토벤, <피아노소나타 제18번>, Op. 31/3, 제3악장 중 '미뉴에트'

  (5) 슈베르트, <왈츠>, Op. 9, D. 365, 제3번 & 제16번

3) 다음은 순환2부분형식의 악곡이다. 단락을 나누고 각 단락의 특징을 설명하시오.

  (1) J. S. 바흐, <관현악 모음곡>(Orchestral Suite), BWV 1066, 제1번 중 제1곡(Courante) & 제3곡(Gavotte II)

  (2) 하이든, <교향곡 제82번>, '곰'(Bear), 제3악장 중 '미뉴에트'

  (3) 하이든, <현악4중주>, Op 74/3, '기수'(Rider), 제3악장 중 '미뉴에트

  (4) 모차르트, <교향곡 제25번>, K. 183, 제3악장 중 '미뉴에트'

  (5) 모차르트, <피아노트리오> K. 496, 제3악장, Var. 1

  (6) 모차르트, <소야곡>(Eine kleine Nachtmusik), K. 525, 제2악장, 마디1-16

  (7) 베토벤, <피아노소나타 제15번> Op. 28, 제2악장, 마디1-22

4) 다음은 단순3부분형식의 악곡이다. 단락을 나누고 각 단락의 특징을 설명하시오.

  (1) 베토벤, 가곡, <그대를 사랑해>(Ich liebe dich)

  (2) 멘델스존, <무언가>, Op. 67/5

  (3) 쇼팽, <24개의 전주곡>, Op. 28, 제13번 & 제21번

  (4) 슈만, <유모레스크>(Humoreske), Op. 20, 마디1-36

  (5) 쇼팽, <마주르카>(Mazurka), Op. 63/2

  (6) 슈만, <어린이 정경>, Op. 15/8

(7) 레하르(Franz Lehàr, 1870-1948), 오페레타, <미소의 나라>(Das Land des Lächelns) 중 '그대는 나의 모든 것'(Dein ist mein ganzes Herz)

5) 다음은 복합3부분형식 중 고전주의 시대의 다카포 춤곡의 악장이다. 부분과 단락을 나누고 각 단락의 특징을 설명하시오.

(1) 하이든, <현악4중주>, Op. 33/2, '농담'(The Joke), 제2악장

(2) 모차르트, <교향곡 제25번>, K. 183, 제3악장

(3) 모차르트, <소야곡>, K. 525, 제3악장

(4) 모차르트, <교향곡 제39번>, K. 543, 제3악장

(5) 베토벤, <피아노소나타 제12번>, Op. 26, 제2악장

6) 다음은 복합3부분형식 중 낭만주의 소품 혹은 느린 악장의 악곡이다. 부분과 단락을 나누고 각 단락의 특징을 설명하시오.

(1) 베토벤, <바가텔>(Bagatelle), Op. 119/1

(2) 쇼팽, <5개의 마주르카>(5 Mazurkas), Op. 7/2

(3) 쇼팽, <4개의 마주르카>(4 Mazurkas), Op. 67/4

7) 다음은 다카포 아리아의 악곡이다. 부분과 단락을 나누고 각 단락의 특징을 설명하시오.

(1) 헨델, 오페라 <줄리오 체사레>(Giulio Cesare) 중 '흠모하는 눈동자로'(V'adoro Pupille)

(2) 헨델, 오페라 <리날도> 중 '사랑하는 신부여'(Cara Sposa)

요약

✜ 1부분형식은 마지막에 단 한 번의 완전정격종지로 마치는 하나의 완전한 악곡으로 악절, 이중악절, 악구들의 결합 등으로 구성된다.

✜ 단순2부분형식은 도돌이표에 의하여 크게 두 개의 부분으로 구성되며, ‖: A :‖: B :‖로 표기할 수 있다.

✜ 2부분형식에서 단락A의 종지에 따라 단락적/연속적으로 분류된다.

✜ 균형2부분형식은 단락A의 종지가 반드시 연속적으로 나타나며, 각 부분의 종지에서 동일한 선율적 소재를 사용함으로써 음악적 압운이 맞춰진다.

✜ 순환2부분형식은 도돌이표에 의하여 크게 두 부분으로 구성되며, ‖: A :‖: BA(또는 A′) :‖로 표기된다. 단락B에서는 원조의 딸림화음이 강조되며, 단락A′에서는 이중복귀에 의하여 재진술된다.

✜ 3부분형식은 ABA 혹은 ABA′의 세 개 단락으로 구성되며 단순3부분형식과 복합3부분형식으로 나눠진다.

✜ 단순3부분형식은 순환2부분형식과 달리, 반복표시가 대부분 나타나지 않으며, 단락B에서는 선율적 소재 및 조성의 측면에서 명확한 대조가 나타난다.

✜ 복합3부분형식은 세 개의 부분으로 구성된 각 부분이 2부분형식이나 3부분형식을 포함하는 큰 형식으로, A B A′로 표기할 수 있다. 다카포 춤곡, 소품 혹은 느린 악장, 다카포 아리아의 유형으로 나타날 수 있다.

IV. 소나타형식

sonata form

고전 시대 악곡의 대표적 형식인 '소나타형식'(sonata form)은 소나타, 현악4중주, 교향곡 등 고전 시대 다악장 구성의 기악 작품에서 빈번하게 사용된다. 소나타형식은 주로 제1악장에 사용되지만, 느린 악장이나 마지막 악장에 등장하기도 한다.

소나타형식은 '제시부'(exposition), '발전부'(development), '재현부'(recapitulation)의 세 부분으로 구성되며, 느린 도입부나 코다가 첨가될 수 있다. 제시부는 두 개의 주제가 제시되는 부분으로 '원조 영역'(principal tonal area)에서 제시되는 '제1주제'(primary theme)와 새조 영역(secondary tonal area)에서 제시되는 '제2주제'(subordinate theme)의 대조가 특징이다. 발전부는 제시부에서 나타난 음악적 재료들이 가공되고 재구성되는 지점이다. 대개 전조를 통해 여러 조성이 나타나 조성적 긴장감이 고조되다가 마지막 부분에서 원조의 딸림화음으로 진행하여 복귀를 준비한다. 재현부는 제시부의 단락들이 재현하는 부분으로 제1주제뿐 아니라 제2주제 이후의 단락들도 원조 영역에서 나타남으로써, 제시부와는 다른 조성적 설계를 보인다.

소나타형식은 고전 시대의 균형미와 정교한 형식미를 드러내기에 적절하며, 이러한 까닭으로 이 시대 작곡가들의 많은 선택을 받았다. **표4-1**은 본문에서 자세하게 살펴볼 소나타형식의 부분들과 조성을 정리한 것이다.

▶ **표4-1.** 소나타형식의 단락 구성 및 조성

부분	단락	조성
제시부	제1주제	원조 영역
	경과구	원조에서 새조의 딸림화음으로 도달
	제2주제	새조 영역 (장조: 딸림조, 단조: 관계장조)
	종결주제	
	코데타	
발전부	여러 개의 세부 단락으로 구성됨	전조 후 원조의 딸림화음에 도달
	재경과구	원조의 딸림화음 연장
재현부	제1주제	원조 영역
	경과구	
	제2주제	
	종결주제	
	코데타	
코다		원조의 으뜸화음 연장

1. 제시부

1) 일반적 특징

제시부는 원조 영역과 새조 영역, 그리고 이들 두 영역을 연결하는 '경과구'(transition)로 구성된다.[12]

(1) 원조 영역

제시부의 원조 영역에는 제1주제가 나타난다. 제1주제는 반드시 원조로 등장하며, 대부분 완전정격종지로 마쳐 원조를 확립하지만, 드물게 반종지하기도 한다. 대체로 제1주제는 한 개이며,[13] 센텐스나 악절 등의 주제형식으로 나타난다. 이 책에서는 제1주제를 영어 용어의 앞 글자를 따서 PT로 표기한다.

(2) 경과구

경과구는 원조 영역과 곧 도래할 새조 영역을 이어주는 역할을 하며, 이는 음악적으로 불안정한 제스처를 통하여 나타난다. 즉, 활동적인 리듬을 사용하고 선율을 단편화하여 제시하는 등의 전개 방식을 취하며, 짜임새, 음역, 셈여림 등에서도 급격한 변화를 보이는 등 긴장감을 제

소나타형식은 2부분인가 3부분인가?

● 18세기 후반 활동한 코흐는 『작곡 입문서』(*Versuch einer Anleitung zur Composition*, 1782-1793) 제3권에서 교향곡의 제1악장을 중심으로 소나타형식을 2부분 구성의 관점에서 설명하였다. 제시부에 해당하는 제1부는 하나의 악절로 구성되며 원조에서 시작해 딸림조로 마친다. 그리고 발전부와 재현부에 해당하는 제2부는 두 개의 악절로 구성되는데, 첫 번째 악절은 딸림조로 시작하여 다양한 조성이 나타난 후 두 번째 악절에서 원조로 복귀한다. 중요한 점은 제2부의 첫 번째 악절이 제1부의 악절 일부로 시작하거나 다른 조로 전조하여 제2부에서 활용된다는 것이다. 이처럼 악장을 시작하는 악절이 제1부와 제2부 모두에서 활용된다면, 소나타형식은 시작 악절에 의해 구성된다고 볼 수 있다. 그리고 제2부의 두 번째 악절은 제1부에서 등장하지 않은 새로운 요소로 시작될 수 있는데, 조성적인 통일감을 주기 위해 원조에서 복귀되어야 한다.

18세기 후반에 활동한 이론가 갈레아찌(Francesco Galeazzi, 1758-1819) 또한 『음악 이론과 실습』(*Elementi teorico-pratici di musica*, 1796)에서 코흐와 마찬가지로 소나타형식을 2부분의 관점에서 설명하였다. 그는 제1부가 시작되기 전에 느린 도입부가 추가될 수 있으며, 제2부의 첫 번째 악절이 딸림조가 아닌 버금딸림조로 전조했다가 두 번째 악절에서 원조로 돌아오는 경우가 있음을 언급했다. 갈레아찌는 각 부분의 조성적 측면 외에도 주제적 측면에 관심을 보였다. 갈레아찌에 따르면, 각각의 주제는 고유한 특징을 가지며 서로 대조를 이루어야 한다. 제1주제에 해당하는 '주요 동기'(motivo principale)는 분명한 성격을 가져야 하고 딸림조로 마치며, 제2주제에 해당하는 '특징적 선율'(passo caratterisctico)은 아름답고 부드러워야 한다.

19세기 활동했던 라이샤(Antoine Reicha, 1770-1836)는 『선율 논서』(*Traité de mélodie*, 1814)에서 소나타형식을 '큰 2부분형식'(grande coupe binaire)이라고 지칭하면서 제1부에서 제시된 음악이 제2부에서 발전되기 때문에 후자의 길이가 전자보다 짧지 않아야 한다고 보았다. 라이샤에 따르면, 특히 제1부가 원조에서 딸림조로 바로 전조하지 않고 중간에 여러 조성을 거치면 맥락을 따라가기 어려워 가능한 원조-딸림조의 틀에서 벗어나지 않아야 한다. 그리고 제1부의 음악적 아이디어들이 제2부에서 딸림조와 원조로 나타나야 한다. 이처럼 2부분의 시각에서 소나타형식을 바라본 라이샤는 몇 년 뒤에 집필한 『고급 음악 작곡논서』(*Traité de haute composition musicale*, 1826)에서 주제와 악상에 대한 발전의 중요성을 논했다. 발전부를 중심으로 제시부와 재현부가 대칭되어, 소나타형식이 3부분으로의 가능성을 제시하였다.

체르니(Carl Czerny, 1791-1857) 역시 『실제적 작곡론』(*Die Schule der praktischen Tonsetzkunst*, 1850)에서 소나타형식을 2부분으로 설명하였다. 제1부는 주요 주제(제1주제), 가까운 조성으로 전조(경과구), 중간 주제(제2주제), 마지막 선율(종결구)로 구성된다. 제1부는 제2주제의 조성인 딸림조로 마친다. 그리고 제2부는 두 개의 부분으로 나뉘는데, 첫 번째 부분은 제1부의 주제 중 하나로 시작하여 주제들이 발전하며, 다양한 조성을 거쳐 원조로 복귀된다. 그리고 두 번째 부분에서는 제1부의 구성 요소들이 원조로 재등장하여 조성적 통일감을 준다. 따라서 체르니는 오늘날 소나타형식의 틀을 예견하였다.

마르크스(Adolph Bernhard Marx, 1795-1866)는 『음악 작곡 논서, 실습과 이론』(*Die Lehre von der musikalischen Komposition, praktisch- theoretisch*, 1845)에서 '소나타형식'이라는 용어를 처음 사용했을 뿐 아니라 3부분 구성의 형식 개념을 제시해 오늘날의 소나타형식에 큰 영향을 주었다. 그는 '휴식-움직임-휴식'(Ruhe-Bewegung-Ruhe)이라는 원리를 기반으로 3부분 구조를 정립하였다. 마르크스에 따르면, 휴식은 주요 자츠(Hauptsatz, 제1주제), 보조 자츠(Seitensatz, 제2주제), 강(Gang, 끝나지 않은 선율), 종결 자츠(Schlußsatz, 종결구)로 구성된다. 주요 자츠는 힘이 넘치고, 주도적이며, 남성적인 강인함이 있는 반면, 보조 자츠는 온화하고, 여성적이다. 두 개의 자츠가 서로의 부족함을 보완해 주기 때문에 소나타형식이 온전하며 여러 형식 중 정점에 있다. 휴식이 명확하여지려면 두 개의 주제 사이에 연관성과 상호관계가 중요하다. 그 까닭은 휴식의 음악적 아이디어들이 논리적으로 나타나야 발전부에서 주제가 다양하고 자유롭게 변형될 수 있기 때문이다. 이처럼 마르크스가 소나타형식을 규정하면서 오늘날의 제시부-발전부-재현부의 3부분 체제에 이르게 되었다.

고한다. 그러나 무엇보다 경과구에서 중요한 것은 제1주제에서 이루어졌던 원조의 확립이 점차 느슨하게 되어 조성적 불안정성을 보인다는 점이며, 이는 반음계적 화음, 동형진행, 전조 등을 통하여 성취된다. 경과구의 끝은 원조 영역과 새조 영역을 구분하는 휴지의 역할을 하는데, 이를 '중간휴지부'(medial caesura: MC)라고 부른다.[14)]

경과구는 선율과 화성에 따라 그 유형을 나눌 수 있다. 선율적 측면에서 경과구는 '종속적 경과구'(dependent transition)와 '독립적 경과구'(independent transition)로 구분된다. 종속적 경과구는 제1주제와 동일하게 혹은 변주하여 시작하는 경과구이며, 독립적 경과구는 제1주제와 다른, 새로운 선율로 시작하는 경과구이다.

화성적 측면에서 경과구는 '전조적 경과구'(modulating transition)와 '비전조적 경과구'(non-modulating transition)로 나뉜다. 전조적 경과구는 새조의 딸림화음 혹은 딸림7화음에 도달하는 경과구이다. 대부분의 고전주의 음악의 경우, 장조의 곡은 딸림조의 딸림화음, 단조의 곡은 관계장조의 딸림화음에 도달한다. 반면, 비전조적 경과구는 전조 없이 원조의 딸림화음으로 마치는 경과구로, 몇몇 모차르트의 초기 피아노소나타, 예를 들면 <피아노소나타 제2번>(*Piano Sonata No. 2*, K. 280)과 <피아노소나타 제5번>(*Piano Sonata No. 5*, K. 283) 등에서 발견된다. 이 책에서는 경과구를 TR로 표기한다.

(3) 새조 영역

경과구 이후 등장하는 새조 영역은 종지와 선율의 형태에 따라 제2주제, 종결주제(closing theme), 코데타(codetta) 등으로 구성된다. 이 단락들은 반드시 원조와 다른 새로운 조로 등장해야 하는데, 대부분의 고전주의 작품의 경우 장조는 딸림조, 단조는 관계장조 혹은 딸림조로 나타난다.[15)]

① 제2주제

제2주제는 새조 영역에서 반드시 등장하는 필수 부분이다. 느슨하게 조직된 주제형 즉, 확대된 센텐스로 이루어진 경우가 많으며, 이외에도 이중악절이나 하이브리드 등으로 나타나기도 한다. 제1주제와 비교할 때 제2주제는 보다 서정적이지만, 반드시 그런 것은 아니다. 제2주제의 선율 소재가 제1주제와 유사하거나 동일할 경우, '단일주제 제시부'(monothematic exposition)라고 부른다.[16)]

제2주제의 선율이 제1주제와 대조적이던 유사하게 시작하든 간에, 그보다 더 중요한 특징은 제2주제가 새로운 조성의 완전정격종지로 마친다는 점이다. 즉 제2주제는 중개화음과 종지적 화음 등 딸림화음을 준비 및 강화하는 진행과 트릴 등의 특징을 수반하면서 새로운 조성의 완전정격종지로 마친다. 이 책에서는 제2주제의 마지막에서 필수적으로 등장하는 이 지점을

'제시부필수종결점'(essential expositional closure: EEC)이라고 부른다.[17] 제시부필수종결점은 이후 등장하는 종결주제와의 구분 지점이 되기 때문에, 반드시 분석해주어야 한다.

제2주제는 완전정격종지를 갖는 한 개의 주제로 나타나는 경우가 흔하지만, 완전정격종지로 마무리되기 전에 다른 종지가 등장함에 따라 두 개 이상의 단락으로 구분되기도 한다. 이 책에서는 제2주제를 ST로 표기하며, 단락으로 나뉠 경우 단락1, 단락2 등으로 표기한다.

② 종결주제

종결주제는 제2주제의 제시부필수종결점 이후에 등장하지만, 제2주제와 달리 새조 영역에서 필수적으로 등장하는 부분은 아니다. 제2주제가 센텐스나 악절의 주제형으로 나타났던 것과 달리 종결주제는 독립적 성격을 갖는 '주제'라기보다는 앞선 악구나 소악구가 반복되며 종결주제가 된다. 종결주제 역시 완전정격종지로 마치며 이후 종지를 강화하는 코데타가 뒤따르거나 곧바로 발전부로 연결되기도 한다. 이 책은 종결주제를 CT로 표기한다.

③ 코데타

코데타는 제2주제 혹은 종결주제의 완전정격종지 후에 등장하는 단락으로 으뜸화음의 연장 혹은 종지의 반복으로 나타난다. 따라서 특징적인 선율이 아닌, 종지에서 전통적으로 사용되는 음계나 분산화음이 주로 코데타의 재료가 된다.

2) 분석1: 베토벤, <피아노소나타 제10번>

베토벤의 <피아노소나타 제10번>(*Piano Sonata No. 10*, Op. 14, No. 2) 제1악장은 소나타형식이다. 제시부는 G장조의 원조 영역과 D장조의 새조 영역(제2주제, 종결주제, 코데타), 그리고 이 두 영역을 연결하는 전조적 경과구로 구성된다.

(1) 원조 영역

원조 영역에서 제1주제가 제시된다(**예4-1**). 제1주제는 전형적인 센텐스로서 제시(마디1-4)와 전개(마디5-8)로 구성된다. 원조인 G장조에서 으뜸화음이 연장되다가 전개의 끝에서 완전정격종지한다.

▶ **예4-1.** 베토벤, <피아노소나타 제10번>, Op. 14/2, 제1악장, 마디1-8

(2) 경과구

　예4-2는 제1주제와 다른, 새로운 선율로 시작하는 독립적 경과구(마디9-25)에 해당한다. 화성적 측면에서, 경과구의 베이스는 순차상행하다가 마디14에서 C-C♯의 반음계적 변화를 통해 딸림조인 D장조로 전조된다. 이후 마디18에서 G-G♯을 통하여 D장조의 딸림화음에 도달하며, 이후 일곱 마디(마디19-25)에 걸쳐 이 딸림화음이 연장된다. 따라서, 딸림조로의 전조를 수행하는 전조적 경과구에 해당한다.

▶ **예4-2.** 베토벤, <피아노소나타 제10번>, Op. 14/2, 제1악장, 마디9-25

(3) 새조 영역

제2주제, 종결주제, 코데타로 구성된 새조 영역은 D장조로 등장한다. **예4-3**은 경과구 이후에 등장하는 제2주제(마디26-47)이다.

제2주제는 확장된 센텐스로 등장한다. 네 마디의 기초악상(마디26-29)과 그 반복(마디30-32)은 딸림조(D장조)에서 으뜸화음의 연장을 만들기 때문에 센텐스의 제시 기능을 담당한다고 볼 수 있다. 이후 마디33-36에서는 선율의 단편화를 통하여 반종지에 도달하고, 이어지는 마디 37-47에서는 새로운 주제 선율이 시작되는 것이 아닌, 마디33-36의 변형 및 확장을 통하여 단순히 '반복'되어 완전정격종지에 도달하는 전개 기능을 보인다. 즉 마디37-47은 앞 선율의 반복일 뿐 새로운 단락이 아니다.

학생들은 종종 마디26-47에서 등장하는 두 차례의 종지로 인하여, 두 개의 제2주제로 취급하여 ST1과 ST2로 분석하거나 하나의 제2주제 안에서 세부 단락1과 2로 분석하는 오류를 범할 수 있을 것이다. 위의 예에서는 분명 두 차례의 종지가 나타나지만, 반종지 이후의 선율은 앞선

▶ **예4-3.** 베토벤, <피아노소나타 제10번>, Op. 14/2, 제1악장, 마디26-47

선율의 변형 및 확장을 통하여 단순히 '반복'되는 것이기 때문에, 마디26-47은 하나의 제2주제로 분석해야 한다. 마디47의 지점에서 등장하는 제시부필수종결점(EEC)은 제2주제와 이후 등장하는 종결주제를 구분하는 구획 지점이 된다.

종결주제는 제2주제가 마무리됨과 동시에 '겹침종지'(elided cadence)를 통하여 시작된다 (**예4-4**).[18] 마디58에서 완전정격종지하는 종결주제는 네 마디 단위의 소악구(마디47-50, 51-54, 55-58) 세 개로 나누어 볼 수 있다.

▶ **예4-4.** 베토벤, <피아노소나타 제10번>, Op. 14/2, 제1악장, 마디47-58

이후 등장하는 코데타(마디58-63)는 종결주제의 마지막 으뜸화음과 함께 시작된다(**예4-5**). 여섯 마디로 구성된 코데타는 분산화음을 주요 재료로 삼으며 지속음을 통해 으뜸화음을 연장한다.

▶ **예4-5.** 베토벤, <피아노소나타 제10번>, Op. 14/2, 제1악장 중 마디58-63

지금까지 논의한 제시부를 정리해보면 다음과 같다.

▶ **표4-2.** 베토벤, <피아노소나타 제10번>, Op. 14/2, 제1악장, 제시부

부분	단락	마디	조성 및 화성구조
제시부	제1주제	1-8	G
	경과구	9-25	G : I → D : V
	제2주제	26-47	D
	종결주제	47-89	D
	코데타	58-63	D

3) 분석2: 모차르트, <피아노소나타 제14번>

모차르트의 <피아노소나타 제14번>(*Piano Sonata No. 14*, K. 457) 제1악장은 단조형 소나타 형식의 사례로, C단조의 원조 영역과 E♭장조의 새조 영역으로 구성된 제시부를 갖는다.

(1) 원조 영역

예4-6은 제1주제에 해당하는 첫 19마디이다. 제1주제는 다소 길지만 전형적인 센텐스의 구성을 따른다. 네 마디의 기초악상(마디1-4)과 그 반복(마디5-8)이 으뜸화음의 연장 위에서 나타나며 센텐스의 제시 기능을 담당한다. 이후 마디9-19에 걸쳐 선율의 단편화가 일어나며 마침내 마디19에서 완전정격종지함으로써 전개 기능을 수행한다.

▶ **예4-6.** 모차르트, <피아노소나타 제14번>, K. 457, 제1악장, 마디1-19

(2) 경과구

경과구는 마디19의 강박에서 제1주제가 마무리됨과 동시에 시작한다(**예4-7**). 종지의 목표점이 새 악구의 시작이 되는 겹침종지의 방식이 나타난다. 제1주제와 동일한 소재로 시작하는 종속적 경과구, 원조의 으뜸화음에서 시작하여 관계장조인 E♭장조의 딸림7화음에 도달하는 전조적 경과구에 해당한다.

▶ **예4-7.** 모차르트, <피아노소나타 제14번>, K. 457, 제1악장, 마디19-22

(3) 새조 영역

새조 영역은 E♭장조로 이루어진 제2주제, 종결주제, 코데타로 구성된다. **예4-8**은 경과구
이후에 등장하는 제2주제이다.

▶ **예4-8.** 모차르트, <피아노소나타 제14번>, K. 457, 제1악장, 마디23-59

예4-8은 앞의 베토벤 사례와 달리, 제2주제가 두 개의 단락(단락1과 단락2)으로 구성되며, 각각은 반종지(마디30)와 완전정격종지(마디57-59)로 마친다. 단락1(마디23-35)에서는 으뜸화음 위에서 두 마디의 기초악상(마디23-24)이 반복(마디25-26)되어 제시된다. 마디27부터 선율이 단편화되며 전개되다가 반종지에 도달하는, 전형적인 센텐스의 주제형식을 보인다.

단락2(마디36-59) 역시 센텐스의 구성을 보이지만 확대와 반복을 통해 느슨하게 조직되었다. 네 마디의 기초악상(마디36-39)은 으뜸화음 위에서 반복(마디40-43)되어 제시된다. 전개 기능은 선율의 단편화가 나타나는 마디44-59가 수행하는데, 이때 마디48에 놓인 허위종지는 일시적 휴식을 주며 확장되다가 마디57-59에서 완전정격종지에 도달하면서 제2주제를 마무리한다. 완전정격종지를 통해 형성된 마디59의 제시부필수종결점(EEC)은 제2주제를 종결하고 동시에 종결주제를 시작하는 명확한 구획 지점이 된다.

예4-9는 종결주제이다. 모차르트의 예에서 역시 앞선 베토벤의 사례와 마찬가지로 제2주제가 마무리되는 지점에서 겹침종지를 통하여 종결주제가 시작한다. 다만 완전정격종지를 포함하는 한 개의 악구(마디59-63)가 변형·반복되며 종결주제의 지위를 획득한다(마디63-67).

▶ **예4-9.** 모차르트, <피아노소나타 제14번>, K. 457, 제1악장, 마디59-67

종결주제 이후, 하행하는 음계형이 주요 재료가 되는 코데타(마디67-71)가 등장한다(**예 4-10**). 코데타는 베토벤의 사례와 마찬가지로 지속음을 통하여 으뜸화음을 강조한다. 이후 원조로 복귀하기 위한 경과구가 나온다. 겹침종지를 통하여 시작된 경과구는 새조 영역인 E♭장조의 으뜸화음에서 시작하여 C단조의 딸림7화음에 도달함으로써, 제시부의 시작 혹은 발전부로 자연스럽게 연결한다.

▶ **예4-10.** 모차르트, <피아노소나타 제14번>, K. 457, 제1악장, 마디67-74

지금까지 논의한 제시부를 정리해보면 다음과 같다.

▶ **표4-3.** 모차르트, <피아노소나타 제14번>, K. 457, 제1악장, 제시부

부분	단락	마디	조성 및 화성구조
제시부	제1주제	1–19	c
	경과구	19–22	c → E♭: V7
	제2주제	단락1: 23–35	E♭: I → V (HC)
		단락2: 36–59	E♭: V7 - I (PAC)
	종결주제	59–67	E♭
	코데타	67–71	E♭
	경과구	71–74	E♭ → c: V_7^9

2. 발전부

1) 일반적 특징

발전부는 제시부에 등장했던 제1주제, 제2주제, 경과구, 종결주제 등에 사용되었던 소재를 활용하거나 새로운 음악적 요소들을 결합하며 전개된다. 일반적으로 여러 개의 단락으로 이루어지는 발전부에서는 조성과 악구 구조의 불안정성이 나타나면서 긴장감이 고조되는데, 잦은 전조, 으뜸음화, 주제의 단편화, 동형진행 혹은 모방 등이 자유롭게 사용된다.

발전부에는 다양한 조성이 나타나는데 마지막 단락에는 원조로의 조성적 복귀를 위한 '재경과구'(retransition)가 온다. 원조의 딸림화음에 도달하는 지점부터 재경과구는 원조의 딸림화음을 연장하고 또 강조함으로써 재현부를 극적으로 시작하도록 이끈다. 재경과구는 원조로의 복귀를 위한 준비 단락으로, 딸림화음에서 딸림7화음으로 진행하거나 종지적 화음의 강조 혹은 딸림음을 지속하는 등의 딸림화음을 강조하는 제스처를 포함한다.

발전부에는 재경과구 이전에 원조나 다른 조성에서 제1주제의 시작 선율이 그대로 나타나 마치 재현부의 시작처럼 느끼게 하는 '거짓재현부'(false recapitulation)가 등장하기도 한다. 거짓재현부는 주로 다른 조성에서 나타나며, 다른 방향으로 이탈하고 결국 그 끝은 원조의 딸림화음을 향한다. 거짓재현부는 발전부에서 항상 등장하지는 않는다. 베토벤의 <피아노소나타 제3번>(*Piano Sonata No. 3*, Op. 2, No. 3) 제1악장, <피아노소나타 제6번>(*Piano Sonata No. 6*, Op. 10, No. 2) 제1악장 등에서 그 사례를 찾아볼 수 있다.

2) 분석 1: 베토벤, <피아노소나타 제10번>

발전부는 다섯 개의 단락으로 나눌 수 있다. 단락1은 마디64-73, 단락2는 마디74-80, 단락3은 마디81-98, 단락4는 거짓재현부로서 마디99-107, 단락5는 재경과구로서 마디107-124이다.

(1) 단락1

발전부의 단락1(마디64-73)은 일반적으로 제1주제의 소재로 시작하는 경우가 많은데, 이 곡의 단락1 역시 제1주제의 선율로 시작하며 반복과 동형진행을 통해 전개된다(**예4-11**). 단락1에서는 원조의 같은으뜸음조인 G단조의 으뜸화음으로 시작하여 관계장조인 B♭장조로 전조한다.

▶ **예4-11.** 베토벤, <피아노소나타 제10번>, Op. 14/2, 제1악장, 마디64-73

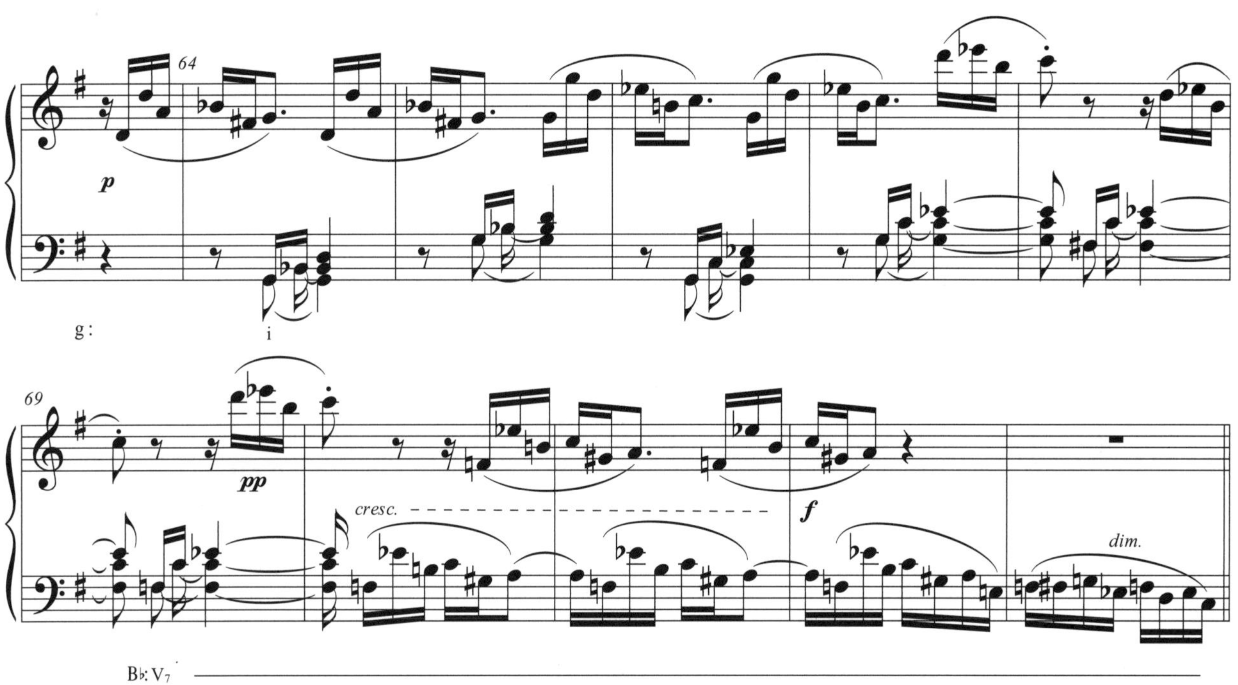

(2) 단락2

단락2(마디74-80)는 B♭장조의 으뜸화음으로 시작하는데, 이때 제2주제의 기초악상 네 마디가 그대로 사용되고 이후 베이스의 반음계적 상행과 함께 기초악상의 부점 음형이 반복되면서 진행한다(**예4-12**).

▶ **예4-12.** 베토벤, <피아노소나타 제10번>, Op. 14/2, 제1악장, 마디74-80

(3) 단락3

    단락3(81-98)에서는 왼손 파트가 선율을 시작하는데, 제1주제의 기초악상이 반복되고 스타카토의 새로운 선율이 결합되어 동형진행되며 전개된다(**예4-13**). A♭장조의 으뜸화음으로 시작하는 단락3은 마디98에서 E♭장조의 딸림7화음에 도달하여 페르마타로 강조된다. 이때 A♭장조는 거시적으로 E♭장조의 버금딸림화음 기능을 하며 딸림7화음을 예비한다.

▶ **예4-13.** 베토벤, <피아노소나타 제10번>, Op. 14/2, 제1악장, 마디81-98

(4) 단락4(거짓재현부)

단락4(마디99-107)는 거짓재현부의 역할을 수행한다(**예4-14**). 마디99에서 E♭장조의 으뜸화음으로 제1주제가 등장하면서 마치 재현부가 시작하는 것처럼 들린다. 그러나 곧이어 마디 106-107에서 원조의 딸림화음에 도달하여 재경과구가 시작한다. 거짓재현부는 재현부가 시작하는 것 같은 착각을 초래하면서 발전부를 확장하고 재현부의 도래를 지연하는 흥미로운 장치이다.

▶ **예4-14.** 베토벤, <피아노소나타 제10번>, Op. 14/2, 제1악장, 마디99-107

(5) 단락5(재경과구)

단락5(마디107-124)는 재경과구에 해당한다(**예4-15**). 앞 단락인 거짓재현부의 화성적 목표점에 도달한 원조의 딸림화음은 재경과구를 시작한다(마디107). 딸림화음은 지속음에 의하여 강조되면서 마디116까지 연장되고, 이후 7음을 더하며 재현부의 도래를 자연스럽게 이끈다. 이처럼 발전부의 마지막 단락에는 재현부의 시작을 준비하는 재경과구가 필수적으로 나타나며 원조의 딸림화음이 연장되어 원조로의 복귀를 준비한다.

▶ **예4-15.** 베토벤, <피아노소나타 제10번>, Op. 14/2, 제1악장, 마디107-124

지금까지 논의한 베토벤의 <피아노소나타 제10번> 제1악장 발전부의 단락 및 조성은 다음과 같다.

▶ **표4-4.** 베토벤, <피아노소나타 제10번>, Op. 14/2, 제1악장, 발전부

부분	단락	마디	조성 및 화성구조
발전부	단락1	64–73	g: i → B♭: V7
	단락2	74–80	B♭ → A♭
	단락3	81–98	A♭ → E♭: V7
	단락4 (거짓재현부)	99–107	E♭ → G: V
	단락5 (재경과구)	107–124	G : V → V7

3) 분석2: 모차르트, <피아노소나타 제14번>

모차르트의 <피아노소나타 제14번> 제1악장의 발전부는 네 개의 단락으로 이루어진다. 단락1은 마디75-78, 단락2는 마디79-82, 단락3은 마디83-94, 단락4는 재경과구로서 마디95-99이다.

(1) 단락1

단락1(마디75-78)은 제1주제의 상행 아르페지오 음형을 소재로 전개된다(**예4-16**). 단락1은 원조의 같은으뜸음조인 C장조로 시작하여 곧 F단조로 전조한다. 이때 마디75-76의 C-장3화음은 F단조의 딸림화음으로 기능하는데, 뒤따르는 이끎7화음과 함께 으뜸화음을 강하게 이끈다.

▶ **예4-16.** 모차르트, <피아노소나타 제14번>, K. 457, 제1악장, 마디75–78

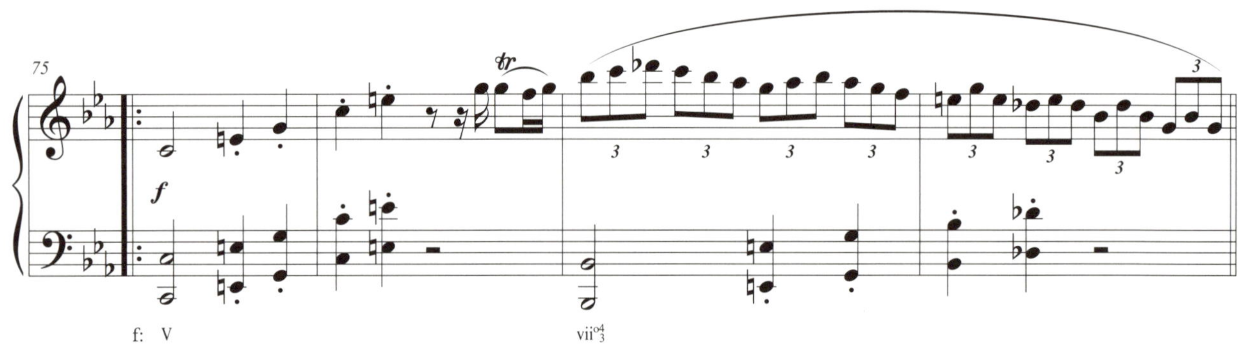

(2) 단락2

단락2(마디79-82)는 E♭장조에서 나타났던 제2주제의 기초악상과 그 반복(마디23-26)을 디자인과 화성을 그대로 유지하면서 F단조에서 제시한다(**예4-17**).

▶ **예4-17. 모차르트**, <피아노소나타 제14번>, K. 457, 제1악장, 마디79-82

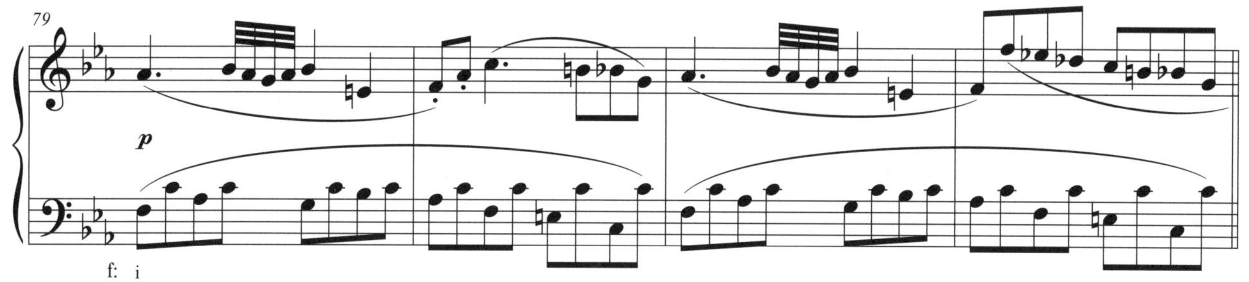

(3) 단락3

단락3(마디83-94)은 제1주제의 특징적인 상행 아르페지오 음형을 사용하여 모방 및 동형 진행 시키며 전개된다(**예4-18**). 마디83-84에서 제1주제의 기초악상이 F단조의 으뜸화음과 G단조의 딸림화음에서 모방된 후 마디87-94에서는 상행 아르페지오 음형의 동형진행과 함께 하행하는 베이스 선율선(G3, F3, E♭3, D3, C3, B♮2, A♮2, G)을 통하여 원조의 딸림7화음에 도달한다. 단락3은 F단조에서 G단조 그리고 C단조의 딸림7화음에 도달하기까지 조성적으로 불안정하다.

▶ **예4-18. 모차르트**, <피아노소나타 제14번>, K. 457, 제1악장, 마디83-94

(4) 단락4(재경과구)

단락4는 재경과구(마디95-99)에 해당한다(**예4-19**). 단락4는 마디94의 딸림7화음을 이끎7화음으로 바꾸면서 단락3에서 가져온 선율 단편을 활용한다. 이 이끎7화음은 양손의 흥미로운 대화로 펼쳐지다가 V⁶₅에 도착한다. 결국 재경과구는 이끎7화음과 딸림7화음의 상호작용을 통해 확장되며 재현부를 준비한 셈이다. 앞의 예4-15에서 분석했던 베토벤의 재경과구가 딸림화음의 도착과 함께 시작되었던 반면, 모차르트의 예는 앞 단락에서 이미 도착한 딸림7화음을 연장하는 방식으로 구성되었다.

▶ **예4-19.** 모차르트, <피아노소나타 제14번>, K. 457, 제1악장, 마디95-99

지금까지 논의되었던 모차르트의 <피아노소나타 제14번> 제1악장 중 발전부의 단락 및 조성을 정리하면 다음과 같다.

▶ **표4-5.** 모차르트 <피아노소나타 제14번>, K. 457, 제1악장, 발전부 분석

부분	단락	마디	조성 및 화성구조
발전부	단락1	75-78	C: (V/f) → f: vii°7
	단락2	79-82	f
	단락3	73-94	f → g → c: V7
	단락4 (재경과구)	95-99	c: vii°⁶₅ - V⁶₅

[심화학습] 재경과구에서 도달하는 딸림화음 외의 화음

소나타형식의 발전부에서 재경과구는 원조의 딸림화음을 연장하는 것이 일반적이지만, 가온화음인 III에서 원조의 딸림화음으로 진행하거나 아예 원조의 딸림화음이 등장하지 않고 다른 화음으로 대체되는 경우도 있다. 예를 들어, 모차르트의 <피아노소나타 제2번>(*Piano Sonata No. 2*, K. 280) 중 제1악장에서 발전부의 재경과구(마디78-82)는 III에서 원조의 딸림7화음으로 진행하며 재현부로 이어진다(**예4-20**). 즉, 재경과구에서 베이스의 긴 음가로 강조되던 III는 마디78-79에서 A-G#-G 의 반음계적 하행을 통해서 재현부로 연결된다. 이때 원조의 딸림7화음의 역할은 미미하다.

▶ **예4-20. 모차르트, <피아노소나타 제2번>, K. 280, 제1악장, 마디76-87**

베토벤의 <바이올린소나타 제5번>(Op. 24), '봄,' 제1악장 발전부의 재경과구(마디116-123)에도 모차르트의 예4-20과 마찬가지로 III가 등장하지만, 이번에는 그 용례가 더욱 과감하다. 이 곡에서는 원조의 딸림화음으로 진행하지 않고 III가 딸림화음을 완전히 대체한 후 재현부로 곧바로 이어진다(**예4-21**). 특히 재경과구에서 트릴 형태의 선율을 통해 강조되는 A는 두 화음, 즉 III와 I 사이의 공통음으로 작용하며 재현부의 시작을 자연스럽게 만든다.

▶ **예4-21.** 베토벤, <바이올린소나타 제5번>, Op. 24, '봄,' 마디114-125

3. 재현부

1) 일반적 특징

재현부는 제시부의 부분들을 소환한다. 재현부에서 주목할 만한 점은 제시부의 새조 영역 (제2주제, 종결주제, 코데타 등)에 해당되는 부분들이 원조 영역으로 이조되어 복귀한다는 것이 다. 물론 재현부에서는 제시부의 음악적 내용들이 항상 그대로 재현되는 것은 아니다. 가령, 재 현부에서는 주제의 일부가 이완의 조성인 내림조 영역에서 나타나기도 하고, 주제의 순서가 뒤 바뀌거나 주제의 일부가 생략되고 주제에 다른 요소가 삽입되는 등의 변화가 나타나기도 한다.

(1) 조성

재현부에서는 제시부에서 경과구와 새조 영역(제2주제, 종결주제, 코데타 등)에 해당되는 부분들이 원조로 나타난다. 따라서 재현부의 경과구는 재작곡되는 경우가 흔한데, 제시부에서 전조적 경과구가 사용되었다면 재현부에서는 전조가 필요하지 않기 때문에 원조의 딸림화음에 도달하며 끝나도록 조정되기 때문이다. 또한, 재현부는 발전부에서 나타났던 긴장에 대한 이완 을 충족하는 부분이므로 이완의 조성인 내림조 영역, 즉 버금딸림조 혹은 다른 내림조가 사용 되기도 한다.

예4-22는 이러한 사례로, 모차르트의 <피아노소나타 제16번>(*Piano Sonata No. 16*, K. 545) 제1악장 중 제시부의 제1주제와 재현부의 제1주제이다. 이 곡의 제시부에서 제1주제는 C 장조에서 제시되는데(예4-22a), 재현부에서 제1주제가 재현될 때는 원조가 아닌 F장조, 즉 버 금딸림조에서 나타난다(예4-22b). 이처럼 재현부에서 원조가 아닌 내림조의 영역에서 주제가 재현되는 경우는 이외에도 베토벤 <피아노소나타 제5번>(*Piano Sonata No. 5*, Op. 10, No. 1) 중 제1악장의 제2주제나 베토벤의 <현악4중주 제11번>(*String Quartet No. 11*, Op. 95), '세리오 소'(*Serioso*) 제1악장의 제2주제에서도 찾아볼 수 있다.

▶ **예4-22. 모차르트, <피아노소나타 제16번>, K. 545, 제1악장**

a. 제시부 중 제1주제(마디1-4)

b. 재현부 중 제1주제(마디42-45)

(2) 선율

재현부에서는 제시부의 제1주제, 제2주제, 그리고 종결주제의 음악적 내용들이 대개 차례로 재현된다. 그러나 간혹 주제의 순서가 뒤바꾸어 제2주제가 먼저 나타난 후 제1주제가 나타나는 경우를 찾아볼 수 있는데, 이러한 경우를 '뒤바뀐 재현부'(reversed recapitulation)라고 부른다. **예4-23**은 모차르트의 <피아노소나타 제9번>(*Piano Sonata No. 9*, K. 311)의 제1악장 중 재현부이다. 이 곡의 재현부는 마디79에서 시작하는데, 제시부의 제2주제(마디17-24)가 마디 79-99에서 먼저 재현된 후, 제시부의 제1주제(마디1-7)가 마디99-105에서 나타나는 뒤바뀐 재현부를 보여준다.

▶ **예4-23.** 모차르트, <피아노소나타 제9번>, K. 311, 제1악장, 재현부

a. 제2주제의 재현 시작 부분(마디79-82)

b. 제1주제의 재현(마디99-105)

또한 재현부에서는 주제의 생략과 삽입 등의 기법을 통하여 제1주제나 경과구가 재작곡되기도 한다. 삽입의 경우, 동형진행에 의해 악구가 첨가되거나 내림조 영역에서 새로운 소재가 더해지는 것을 자주 볼 수 있다. **예4-24**는 모차르트의 <피아노소나타 제5번>(*Piano Sonata No. 5*, K. 283)의 제1악장 중 재현부이다. 이 악곡의 재현부는 마디72-75에서 나타나듯이 제시부에서 센텐스 구조로 되어있는 제1주제(마디1-16) 중에서 제시 기능을 하는 처음 네 마디로 시작하는데, 이 부분은 마디76-79에서 동형진행을 통해 웃으뜸조인 A단조로 다시 한번 반복된다. 이후 마디80-83에서 새로운 소재가 버금딸림조인 C장조에서 삽입된다.

▶ **예4-24.** 모차르트, <피아노소나타 제5번>, K. 283, 제1악장, 마디72-83

또한 재현부에서는 제시부의 선율이 일부 생략되기도 한다. 위의 예4-24를 보면 제시부의 제1주제에서 전개(마디5-10)에 해당하는 부분이 생략되었음을 알 수 있는데, 여기에서 종지가 포함된 악구가 생략된 것은 재현부에서 도래될 원조의 V-I가 반복되는 것을 피하기 위함이라고 해석할 수 있다.

2) 분석1: 베토벤, <피아노소나타 제10번>

베토벤의 <피아노소나타 제10번> 제1악장 재현부에서는 제시부에서 나타난 단락들, 즉 제1주제, 경과구, 제2주제, 종결주제가 차례로 재현된다. 그러나 조성적 측면에서 제시부와 비교할 때 모든 단락이 원조인 G장조에서 나타난다는 점이 다르다. 또한 구성적 측면에서는 제시부에서처럼 종결주제 후 코데타가 더해진 것이 아니라, 보다 상위 단락인 코다로 이어진다는 점도 다르다.

(1) 제1주제

이 곡의 재현부는 마디125에서 시작한다. 마디132까지 진행되는 재현부의 제1주제는 제시부의 마디1-8과 동일하다.

▶ **예4-25.** 베토벤, <피아노소나타 제10번>, Op. 14/2, 제1악장, 마디125-132

(2) 경과구

예4-26은 재현부의 경과구(마디133-152)이다. 경과구의 처음 네 마디는 제시부의 경과구와 동일하게 시작하지만 이후 C장조 영역에서 동형진행하고(마디137-140) 베이스가 점차 상행하면서 다시 G장조의 딸림화음에 도달(마디142)하는 방식으로 재작곡되었다. 이후 마디146부터는 지속음을 통해서 마디152까지 딸림화음을 연장한다. 경과구에서의 조성 변화는 으뜸음화를 통해 분석하면 좋다.

▶ **예4-26.** 베토벤, <피아노소나타 제10번>, Op. 14/2, 제1악장, 마디132-152

(3) 제2주제

재현부의 제2주제(마디153-174)는 제시부의 제2주제와 디자인의 측면에서 동일하지만 새
조 영역이 아니라 원조 영역(G장조)에서 재현된다는 점이 다르다(**예4-27**). 이처럼 제2주제가
원조에서 나타남으로써 재현부는 발전부에서 나타난 긴장을 이완시키고 원래의 주제를 원조로
복귀시켜 소나타형식을 구조적으로 완결시킨다. 제2주제는 마디174에서 원조의 완전정격종지
로 마친다.[19]

▶ **예4-27.** 베토벤, <피아노소나타 제10번>, Op. 14/2, 제1악장, 마디153-174

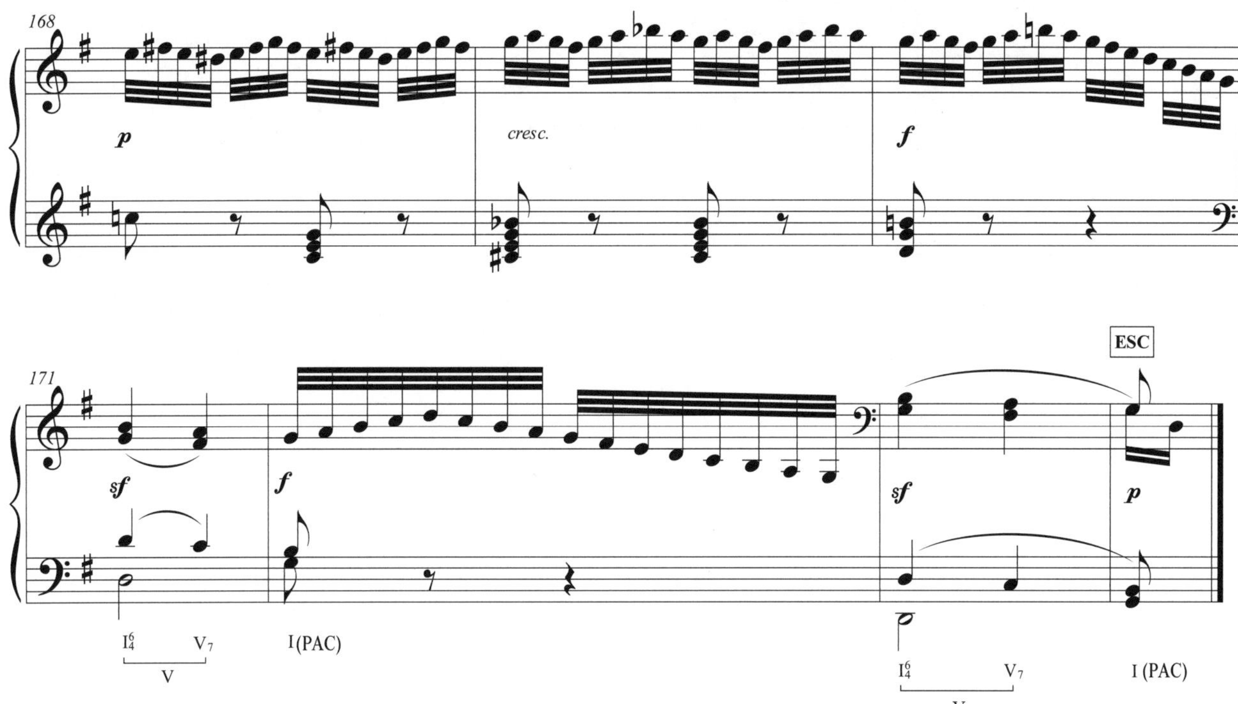

(4) 종결주제

재현부에서는 종결주제 역시 원조 영역에서 재현된다. **예4-28**은 재현부의 종결주제(마디174-187)로, 제시부의 종결주제와 비교할 때 마디183까지는 거의 동일하지만 종지 직전에 두 마디(마디184-185)가 삽입됨으로써 확장되고 이후 마디186에서 종지적 ♮화음과 딸림7화음이 4분음표 단위로 확대되어 마디187에서 으뜸화음에 도달한다.

▶ **예4-28.** 베토벤, <피아노소나타 제10번>, Op. 14/2, 제1악장, 마디174-187

지금까지 논의한 재현부의 단락 및 조성을 정리해보면 다음과 같다.

▶ **표4-6.** 베토벤, <피아노소나타 제10번>, Op. 14/2, 제1악장, 재현부

부분	단락	마디	조성 및 화성구조
재현부	제1주제	125–132	G
	경과구	133–152	G
	제2주제	153–174	G
	종결주제	174–181	G

3) 분석2: 모차르트, <피아노소나타 제14번>

단조성인 모차르트의 <피아노소나타 제14번> 중 제1악장의 재현부 역시 제시부의 단락들, 즉 제1주제, 경과구, 제2주제, 종결주제, 코데타를 차례로 소환한다. 이러한 부분들은 모두 원조 영역으로 복귀되지만 경과구에서 잠시 내림조 영역인 D♭장조가 등장한다.

(1) 제1주제

재현부의 제1주제(마디100–118)는 제시부의 제1주제(마디1–19)를 그대로 제시한다(**예 4–29**).

▶ **예4–29.** 모차르트, <피아노소나타 제14번>, K. 457, 제1악장, 마디100–118

(2) 경과구

재현부의 경과구(마디118-130)는 선율의 확장과 조성구조의 측면에서 주목할 만하다 (**예4-30**). 제시부에서 경과구(마디19-22)는 원조의 으뜸화음이 공통화음으로 기능하면서 관계장조의 딸림7화음로 바로 진행하는 네 마디로 구성되었다면, 재현부에서는 경과구가 마디 118-130에 걸쳐 13마디로 확장되었다.

재현부의 경과구는 제시부와 마찬가지로 제1주제의 소재를 사용하여 시작하는 종속적 경과구이다. 그러나 제시부와 달리 마디118에서 오른손의 아르페지오형 모티브를 왼손에서 모방하는 짜임새로 나타나며, 마디119-120에서는 3도 도약 모티브를 확장하면서 Db장조 즉, 나폴리화음의 영역으로 진입한 여지를 마련한다. 마디121-124는 새로운 소재가 이완의 조성인 나폴리영역에서 삽입되었다. 이후 딸림화음으로 진행하여 마디130까지 5마디 동안 연장된다. 이 딸림화음의 연장(마디126-130)은 제시부 제2주제의 첫 번째 단락 마지막(마디31-35)에 사용된 소재를 사용해 만들어낸다.

▶ **예4-30.** 모차르트, <피아노소나타 제14번>, K. 457, 제1악장, 마디118-130

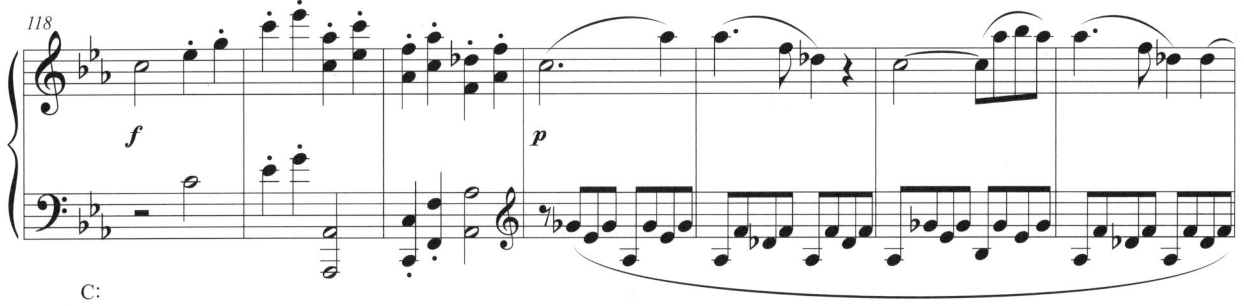

(3) 제2주제

　　재현부의 제2주제(마디131-156)에서 이례적인 점은 두 개의 단락으로 구성된 제2주제 중 단락1이 생략된 것이다(**예4-31**). 재현부의 제2주제는 원조인 C단조에서 나타나는데, 제시부의 제2주제 중 단락1(마디23-35)이 나타나지 않고 바로 단락2(마디36-59)에 해당하는 주제선율로 시작한다. 이는 사실상 발전부의 단락2에서 제2주제의 처음 네 마디가 이미 사용되었기 때문에(예4-17 참고), 같은 소재의 반복을 피한 것으로 해석할 수 있다. 이처럼 단락2부터 재현되어 제시부보다 다소 축소된 재현부의 제2주제는 마디156에서 원조의 완전정격종지로 마친다.

▶ **예4-31.** 모차르트, <피아노소나타 제14번>, K. 457, 제1악장, 마디131-156

(4) 종결주제

마디156-164에서는 제시부의 종결주제가 원조로 재현된다. 제시부에서처럼 제2주제가 끝
남과 동시에 겹침종지를 통해 종결주제가 시작되며, 완전정격종지를 포함하는 한 개의 악구(마
디156-160)가 변형, 반복된다(마디160-164).

▶ **예4-32.** 모차르트, <피아노소나타 제14번>, K. 457, 제1악장, 마디156-168

(5) 코데타

마디164-167에는 제시부의 코데타가 원조로 재현되는 전형적인 모습이 나타난다. 이 코데타는 원조의 으뜸화음과 딸림7화음을 반복하다가 마디168에서 완전정격종지로 마친다.

▶ **예4-33.** 모차르트, <피아노소나타 제14번>, K. 457, 제1악장, 마디164-168

지금까지 논의한 재현부의 단락 및 조성을 정리해보면 다음과 같다.

▶ **표4-7.** 모차르트, <피아노소나타 제14번>, K. 457, 제1악장, 재현부

부분	단락	마디	조성 및 화성구조
재현부	제1주제	100–118	c
	경과구	118–130	c – [D♭(=N)] – c
	제2주제	131–156	c
	종결주제	156–164	c
	코데타	164–168	c

4. 코다

1) 일반적 특징

코다는 재현부에서 마지막 종지를 포함한 제시부의 종결주제가 다시 등장한 이후의 부분으로, 재현부를 마치는 강한 종지 이후에 나타난다. 코다는 으뜸화음 연장을 통해서 전체 악장의 종결을 강화하는데, 악장을 좀 더 극적으로 끝내기 위하여 일련의 종지적 악구를 사용하고, 보다 분명한 종결을 위해 앞에서 등장했던 주제들을 회상하거나 혹은 재현부에서 생략되었던 주제들을 등장시킨다.

베토벤의 중기 이후의 작품을 비롯한 어떤 악곡들에서는 재현부 이후의 코다가 상당한 길이로 확장됨에 따라 보다 큰 규모의 소나타형식이 만들어지기도 한다. 이때 코다를 발전부와 유사하게 시작하거나 발전부의 일부를 재현하면서 화성과 주제적으로 발전의 요소를 분명하게 보여주는 경우, '2차적 발전부'(secondary development)라고 부른다.[20]

코다와 코데타의 차이점

● 코다와 코데타는 용어 사용에 있어서 많은 혼란이 야기되는데, 이 두 용어를 구분하는 핵심은 길이나 위치가 아닌 '역할'에 있다. 코데타는 주제적이지 않은 평범한 선율로 종지의 강조 혹은 으뜸화음의 연장으로 나타나면서 단락을 마무리하는 반면, 코다는 대체로 주제(제1주제 혹은 제2주제)를 활용하며 나타나면서 악장 전체를 마무리한다. 따라서 마지막 재현부 뒤에 붙는 부분을 무조건 코다로 분석하지 않고 그 역할을 살펴보도록 유의한다.

---

2) 분석1: 베토벤, <피아노소나타 제10번>

이 악곡에서 마디188-200은 재현부의 코데타라기보다는 재현부 이후의 부분인 코다(coda)로 보는 것이 적절하다. 이 부분은 으뜸화음을 연장함으로써 전체 악장의 종결을 강화하는 기능을 한다. 이 악곡에서 코다는 제1주제를 회상하면서 원조성의 종지를 반복한다.

▶ **예4-34.** 베토벤, <피아노소나타 제10번>, Op. 14/2, 제1악장, 마디188-200

코다

3) 분석2: 모차르트, <피아노소나타 제14번>

코다(마디168-185)는 경과구의 시작 부분처럼 제1주제의 상행 아르페지오 모티브를 양손이
모방하면서 시작하여 원조의 종지형에 도달한다(**예4-35**). 이때 마디175에서는 딸림7화음으로
뒷받침되는 트릴이 나타나 악곡의 종결감을 강화한다. 이후 마디176부터는 원조의 종지형을 반
복하면서 마친다.

▶ **예4-35.** 모차르트, <피아노소나타 제14번>, K. 457, 제1악장, 마디168-185

[심화학습] **도입부**

도입부는 제시부 앞에 위치하며 느린 템포로 되어있다. 웅장한 분위기의 느린 도입부는 교향곡의 제1악장, 서곡, 축제용 세레나데 등에 가장 적절하게 사용된다. 물론, 베토벤의 <피아노 소나타 제8번>(*Piano Sonata No. 8*, Op. 13), '비창'(Pathetique) 중 제1악장과 같이 독주곡의 소나타형식에서도 나타난다. **예4-36**은 베토벤의 <교향곡 제1번>(*Symphony No. 1*, Op. 21) 중 제1악장에 사용된 도입부의 사례로, 아다지오의 느린 도입부(마디1-12)가 마디12에서 C장조의 딸림7화음으로 마치면서 마디13에서 제시부의 제1주제가 으뜸화음으로 시작하도록 한다. 이처럼 제시부 앞에 위치하는 도입부는 일반적으로 으뜸화음에서 딸림화음으로 진행하거나 혹은 딸림화음의 연장으로 나타나 딸림화음으로 마치게 된다. 이에 따라 도입부는 빠른 악장의 제시부의 시작을 준비하고, 청중의 주의를 환기한다.

▶ **예4-36.** 베토벤, <교향곡 제1번>, Op. 21, 제1악장, 마디1-19

소나타형식의 시대별 변화

● 소나타형식은 18세기 독주곡, 실내악곡, 교향곡 등에서 나타나기 시작하면서 20세기에 이르기까지 작곡가들이 즐겨 사용하는 형식 중 하나로 자리매김하였다. 시대의 변화와 작곡가의 창의성에 따라 소나타형식이 다양하게 변화했는데, 이 형식이 때마다 어떻게 달라졌는지 살펴보자.

바로크 시대에 많은 작곡가가 소나타라는 장르를 통해 형식, 양식, 표현력 등을 실험하였고, 그중 스카를라티(Domenico Scarlatti, 1685-1757)의 활약이 탁월했다. 그는 스페인 궁정에서 무려 555개나 되는 단악장 소나타를 작곡했다. 스카를라티는 이 작품들을 '소나타'라고 불렀지만, 그들은 대부분 2부분형식이고 각 부분에 도돌이표가 있어 사실상 소나타보다 모음곡 형식에 가깝다. 그는 이 작품들에서 아직 완성되지 않은 소나타형식의 전신을 사용했다. 그의 소나타에서 제1부가 장조로 시작하면 딸림조로 전조하고, 제2부는 딸림조에서 원조로 돌아온다. 하지만 제1주제가 단조일 경우 관계장조로 전조했다가 제2부는 관계장조에서 원조로 복귀한다. 스카를라티의 소나타에서 사용된 화성과 종지는 대부분 단순하지만, 때로는 과감한 전조를 시도하기도 하였다. 예를 들어 소나타 K. 460에서 제1부는 C장조에서 딸림조인 G장조로 전조하지만, 제2부는 C단조-A단조-A장조로 전조했다가 C장조로 복귀하여 끝마친다.

소나타형식은 고전주의 빈악파에 의해 눈부시게 발전하였다. 하이든은 소나타형식에서 다양한 시도를 했지만 두 가지 측면에서 그의 활약이 눈부시다. 첫 번째는 조성의 활용인데, 그가 초기에 주제 간 자연스러운 전조와 조성 체계가 전체 형식에 통일성을 준 점에 초점을 맞췄다면, 중기에는 하나의 주제에서 다른 주제로 바뀔 때 조성적 차이에서 오는 긴장감과 대조적인 모습을 강조하였다. 그리고 후기에는 이전 시대에 비해 복잡하고 다채로운 화성을 사용했다. 두 번째는 주제이다. 제시부는 두 개의 주제를 내포하는 경우가 일반적이지만, 하이든은 동일한 주제가 다른 조성에서 나타나는 '단일 주제'(monotheme)를 종종 사용했다. 반면, 모차르트는 주제를 다양한 차원에서 활용하였다. 그는 J. C. 바흐(Johann Christian Bach, 1735-1782)의 영향을 받아 부르기 쉬운 주제를 선호했을 뿐 아니라, 주제-가공 작업, 발전부에서 2성부로 된 폴리포니적인 짜임새를 선호하였다. 베토벤은 소나타형식을 가장 과감하게 변형시킨 작곡가일 것이다. 그는 이 형식 속에 대위법적인 요소를 첨가했으며, 특히 후기에는 푸가를 소나타형식과 접목하였다. 또한 일반적으로 제1악장에 위치한 소나타형식 대신 변주곡이나 환상곡으로 대체하였다.

마지막으로 낭만주의 시대에 작곡된 소나타형식은 고전주의 시대에 비해 많이 변형되었는데, 이러한 실험 정신의 중심에는 베토벤이 자리 잡고 있다. 그는 중기부터 3도 전조를 종종 사용하며, 발전부를 확장하고, 재현부 혹은 코다에서 제3의 새로운 주제를 제시하였다. 베토벤의 행보를 이은 낭만주의 작곡가들은 발전부의 복잡한 전조와 동기 발전, 확장된 코다를 즐겨 작곡했지만, 제시부의 변형에도 관심을 보였다. 그들은 제시부를 과도하게 확장하여 형식적 불균형을 주었고, 세 개의 주제를 작곡하면서 세 개의 조성을 사용하게 되었다. 또한, 제1주제가 제시되고 제2주제가 연주되기 전에 복잡한 전조를 사용했고, 제1주제를 제법 발전시키기도 하였다. 이처럼 낭만주의 작곡가들은 소나타형식을 확장하면서 이 형식의 많은 가능성을 실험하였다.

용어

2차적 발전부(secondary development): 재현부 이후 발전부적 특징을 보여주는 단락으로, 대부분 내림조 영역에서 동형진행 등의 기법을 통하여 발전된다.

거짓재현부(false recapitulation): 발전부에서 원조가 아닌 다른 조성으로 제1주제를 시작하는 부분

구조적필수종결점(essential structural closure: ESC): 제시부필수종결점에 상응하는 것으로 재현부에서 나타나는 원조에서의 필수적인 완전정격종지를 지칭한다.

단일주제 제시부(monothematic exposition): 제1주제와 제2주제가 유사하거나 동일한 선율로 나타나는 제시부

도입부(introduction): 제시부의 제1주제에 앞서 나타나는 단락으로, 주로 느린 템포로 시작하며 원조의 딸림화음에 도달한다.

독립적 경과구(independent transition): 소나타형식의 제1주제와 제2주제를 이어주는 단락으로 제1주제와 다른 주제로 시작한다.

뒤바뀐 재현부(reversed recapitulation): 재현부에서 제1주제와 제2주제가 순서대로 나타나지 않고 뒤바뀌어 나타나는 재현부

발전부(development): 소나타형식의 두 번째 부분으로, 제시부의 소재들을 활용하여 잦은 전조와 동형진행 등의 발전적 요소를 보여준다.

비전조적 경과구(non-modulating transition): 소나타형식의 제1주제와 제2주제를 이어주는 단락으로, 조성의 변화 없이 원조의 딸림화음에 도달한다.

새조 영역(secondary tonal area): 제시부의 새로운 조성 영역으로, 제2주제와 종결주제, 코데타를 일컫는 부분

소나타형식(sonata form): 고전주의와 낭만주의 시대의 소나타, 실내악곡, 교향곡 등 다악장으로 된 기악의 한 악장 내에서의 구조적 틀로 자주 사용되는 형식으로 제시부, 발전부, 재현부로 구성된다.

원조 영역(principal tonal area): 제시부의 원조 영역으로, 제1주제(들)가 펼쳐지는 조성 환경을 일컫는 부분

재경과구(retransition): 발전부의 마지막 부분으로 주로 원조의 딸림화음에 도달한다.

재현부(recapitulation): 소나타형식의 세 번째 부분으로, 제시부의 음악적 내용이 원조로 재현된다.

전조적 경과구(modulating transition): 소나타형식의 제1주제와 제2주제를 이어주는 단락으로, 새로운 조의 딸림화음에 도달한다.

제1주제(primary theme): 제시부의 첫 주제로 원조에서 특징적인 선율로 나타난다.

제2주제(subordinate theme): 제시부의 두 번째 주제로, 새로운 조에서 특징적인 선율로 나타난다.

제시부(exposition): 소나타형식의 세 부분 중에서 첫 부분으로, 대부분 도돌이표에 의하여 구획되며 원조에서 제1주제와 새로운 조의 제2주제가 등장한다.

제시부필수종결점(essential expositional closure: EEC): 제시부에서 다다르고자 하는 목표점으로 새로운 조성에서 필수적인 완전정격종지를 지칭한다.

종결주제(closing theme): 제2주제의 PAC 이후 등장하는 주제이며 2~4 마디의 짧은 악구나 소악구의 반복이 자주 나타난다.

종속적 경과구(dependent transition): 소나타형식의 제1주제와 제2주제를 이어주는 단락으로 제1주제와 동일한 주제로 시작한다.

중간휴지부(medial caesura: MC): 경과구의 끝에서 나타나며 제시부를 두 개의 영역으로 나누는 수사적으로 강화된 짧은 휴지부 또는 단절을 말한다.

코다(coda): 재현부에서 마지막 종지를 포함한 제시부의 종결 주제(또는 종결구)가 다시 등장한 이후의 부분으로 주로 으뜸화음의 연장을 통해 전체 악장의 종결을 강화하는 단락

코데타(codetta): 제시부 혹은 재현부의 새로운 조성 영역의 완전정격종지 이후에 단락을 마무리하는 역할을 하는 부분

실습 문제 4

1. 다음은 모차르트의 <피아노소나타 제5번>, K. 283, 제1악장이다. 아래의 질문에 답하시오.

– 제시부에 관한 문항 –

1) 제1주제를 찾아 주제 유형을 밝히시오.

2) 경과구를 찾아 조성적 측면(전조적/비전조적)과 선율적 측면(종속적/독립적)을 고려하여 분석하시오.

3) 제2주제는 어디인지 마디 번호를 쓰고, 제1주제와 조성을 비교하시오.

4) 제2주제와 종결주제를 구분하는 제시부필수종결점(EEC)은 어디인가?

5) 종결주제를 찾아 종지 및 악구구조를 분석하시오.

6) 마디51–53의 역할은 무엇인가?

모범답안

1) 제1주제(마디1–16)는 완전정격종지로 마치는 센텐스(제시: 마디1–4, 전개: 마디5–10)와 전개의 반복(마디11–16)으로 구성된다.

2) 경과구(마디16, 박2–마디22)는 원조의 으뜸화음으로 시작하여 딸림화음에 도달하는 비전조적 경과구이며, 제1주제와 다른 선율로 시작된 독립적 경과구이다.

3) 제2주제(마디23–43)는 원조(G장조)의 딸림조인 D장조로 나타난다.

4) 제시부필수종결점은 제2주제가 완전정격종지로 마치는 마디43의 첫 박에서 나타난다.

5) 종결주제는 마디43–51로, 두 개의 악구(마디43–47, 마디48–51)로 구성되며 각각 반종지와 완전정격종지로 마친다.

6) 코데타로, 제시부에서 종결주제의 완전정격종지 이후 단락을 마무리한다.

– 발전부에 관한 문항 –

1) 발전부의 단락을 나누시오.

2) 단락1의 조성 및 음악적 특징을 분석하시오.

3) 재경과구에서 강조되는 화음은 무엇인가?

모범답안

1) 발전부는 두 개의 단락(단락1: 마디54–62, 박1, 단락2[재경과구]: 마디62–71)으로 구성된다.

2) 단락1(마디54–62)은 새로운 소재로 시작하며 제2주제의 조성인 D장조의 완전정격종지로 마친다.

3) 단락2는 재경과구로, D장조의 으뜸화음으로 시작하여 원조인 G장조의 딸림화음으로 도달함에 따라 재현부를 자연스럽게 연결한다.

– 재현부에 관한 문항 –

1) 재현부는 어디에서 시작하는가?

2) 제1주제는 제시부의 제1주제와 동일한가 또는 변형되었는가?

3) 재현부의 경과구는 제시부와 동일한가 또는 조정되었는가?

4) 제2주제 이후의 조성구조는 제시부와 비교할 때 어떤 차이점을 가지는가?

모범답안

1) 재현부의 시작은 마디71의 박3부터이다.

2) 제시부의 처음 네 마디가 A단조에서 한번 반복되어 나타난 후(마디75, 박4–마디79, 박2) C장조로 전조되어 네 마디가 이어져 반종지한다.

3) 경과구는 제시부와 동일하게 나타난다.

4) 제시부에서는 제2주제부터 새조 영역(D장조)이 나타나는 반면, 재현부에서는 제2주제와 그 이후의 단락이 계속 원조(G장조)로 나타난다.

2. 다음은 모차르트의 <소야곡>(*Eine kleine Nachtmusik*), K. 525, 제1악장이다. 아래의 질문에 답하시오.

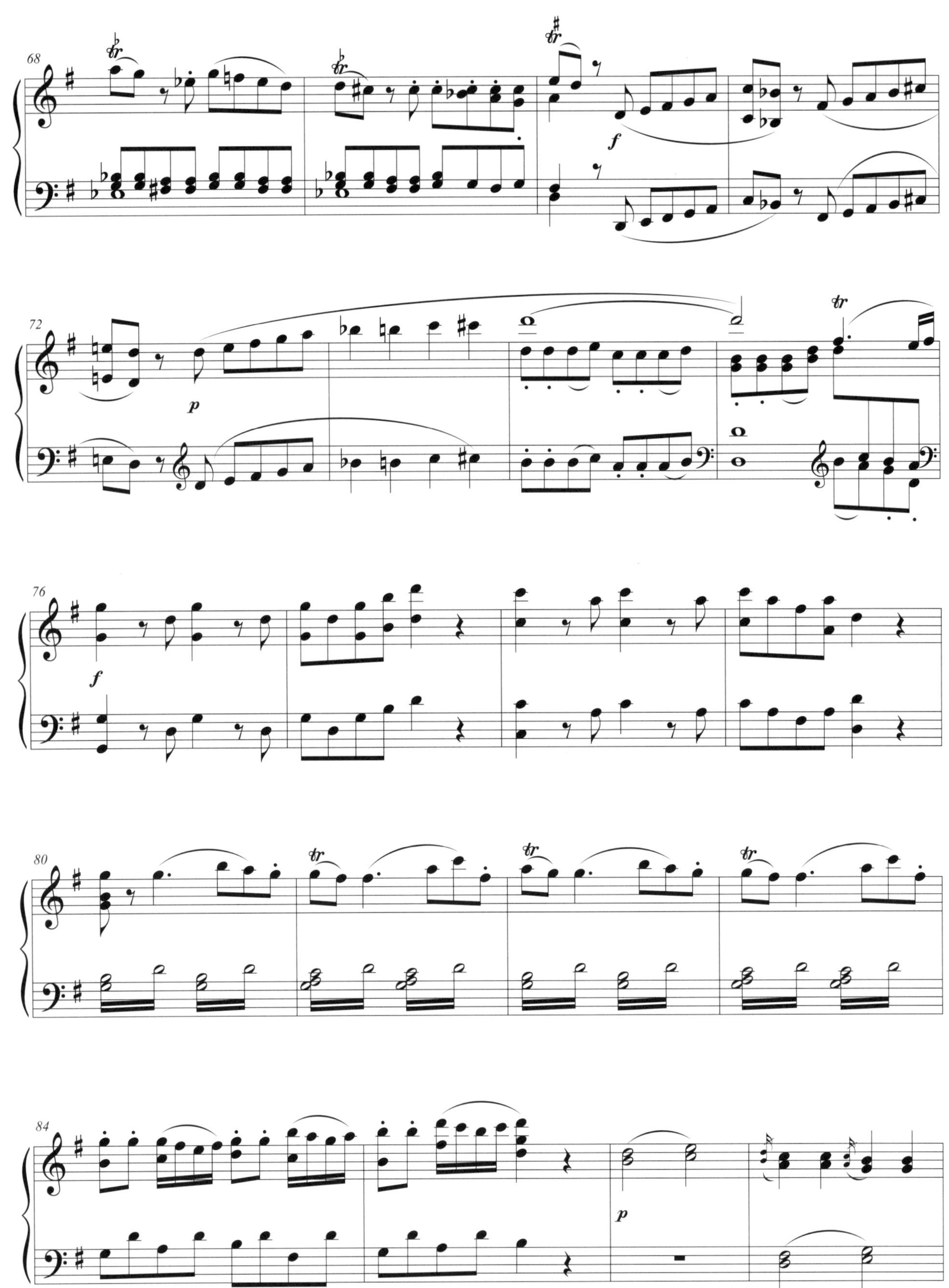

– 제시부에 관한 문항 –

1) 제1주제를 찾아 종지 및 악구 구조를 분석하시오.

2) 제2주제를 찾아 종지 및 악구 구조를 분석하시오.

3) 제1주제와 제2주제의 조성을 비교하시오.

4) 경과구를 찾아 조성적 측면(전조적/비전조적)과 선율적 측면(종속적/독립적)을 고려하여 분석하시오.

5) 제2주제와 종결주제를 구분하는 제시부필수종결점(EEC)은 어디인가?

6) 종결주제를 찾아 종지 및 악구구조를 분석하시오.

7) 마디 51–55의 역할은 무엇인가?

모범답안

1) 제1주제(마디1-18)는 마디1-4, 5-10, 11-14, 15-18의 악구그룹으로 구성되며 마지막에 G장조의 완전정격종지로 마치며 조성을 확립한다.

2) 제2주제(마디28-35)는 선행악구(마디28-31)와 후행악구(마디32-35)의 유사악절로 구성되며 후행악구에서 D장조의 완전정격종지로 마치며 새조 영역의 조성을 확립한다.

3) 제1주제는 G장조이며 제2주제는 원조의 딸림조인 D장조이다.

4) 경과구(마디18-27)는 원조의 으뜸화음으로 시작하여 딸림조인 D장조의 딸림화음에 도달하는 전조적 경과구이며, 제1주제와 다른 선율로 시작된 독립적 경과구이다.

5) 새조 영역에서 제2주제가 완전정격종지로 마치는 마디35이다.

6) 종결주제는 새조 영역인 D장조에서 첫 번째 완전정격종지(EEC) 이후 마디35-51까지이며, 반복악구(마디35-43, 마디43-51)로 구성된다.

7) 코데타로, 제시부에서 종결주제의 완전정격종지 이후 단락을 마무리한다.

– 발전부에 관한 문항 –

1) 발전부의 단락을 나누시오.

2) 단락1의 조성 및 음악적 특징을 분석하시오.

3) 단락2의 조성 및 음악적 특징을 분석하시오.

4) 재경과구에서 강조되는 화음은 무엇인가?

> **모범답안**
>
> **1)** 발전부는 세 개의 단락(단락1: 마디56-59, 단락2: 마디60-70, 단락3[재경과구]: 마디70-75)으로 구성된다.
>
> **2)** 단락1(마디56-59)은 제2주제의 조성인 D장조에서 시작하며 제1주제의 시작선율(마디1-4)를 사용한다.
>
> **3)** 단락2(마디60-70)는 종결주제의 선율적 소재를 사용하고 있으며, C장조의 으뜸화음으로 시작하여 마디67에서 G단조로 전조한 후 마디70에서 딸림화음으로 진행한다.
>
> **4)** 재경과구(마디70-75)는 원조의 G장조의 딸림화음이 연장되며 재현부를 자연스럽게 연결시킨다.

– 재현부에 관한 문항 –

1) 재현부는 어디에서 시작하는가?

2) 제1주제는 제시부의 제1주제와 동일한가 아니면 변형되었는가?

3) 재현부의 경과구는 제시부와 비교하여 어떻게 재작곡되었는가?

4) 제2주제 이후의 조성구조는 제시부와 비교할 때 어떤 차이점을 가지는가?

> **모범답안**
>
> **1)** 재현부는 마디76에서 시작한다.
>
> **2)** 제1주제는 전체가 제시부와 동일하게 나타난다.
>
> **3)** 경과구는 딸림조로의 전조가 일어나지 않고 마디97에서 원조의 딸림화음에서 도달한 후 이 화음을 연장한다.
>
> **4)** 제2주제 이후의 부분은 새조 영역에서 나타나지 않고 원조 영역(G장조)에서 재진술되는 차이점이 있다.

3. 다음은 모차르트의 <교향곡 제40번>, K. 550, 제1악장 중 제시부이다. 아래의 질문에 답하시오.

30
36
42
51
58
sf
sf
sf
sf
sf
sf
f
p
1
cresc.

non legato

1) 제1주제를 찾아 종지 및 악구 구조를 분석하시오.

2) 제2주제를 찾아 종지 및 악구 구조를 분석하시오.

3) 제1주제와 제2주제의 조성을 비교하시오.

4) 경과구를 찾아 조성적 측면(전조적/비전조적)과 선율적 측면(종속적/독립적)을 고려하여 분석하시오.

5) 종결주제를 찾아 종지 및 악구구조를 분석하시오.

6) 마디88–99의 역할은 무엇인가?

모범답안

1) 제1주제(마디1–20)는 G단조의 반종지로 마치는 센텐스 구조를 보여주며, 진술(마디1–9)과 전개(마디10–20)로 구성된다.

2) 제2주제(마디44–72)는 새조 영역의 B♭장조를 확립한다. 첫 번째 악구(마디43–51)가 완전정격종지로 마치고, 반복악구(마디52–66)에서는 길이가 보다 확장된다. 마디66의 완전정격종지 이후 부가적인 여섯 마디(마디66–72)가 더해져 마디72에서 다시 완전정격종지가 나타난다.

3) 제1주제는 G단조이며 제2주제는 원조의 관계장조인 B♭장조이다.

4) 경과구(마디21–42)는 원조의 으뜸화음으로 시작하여 관계장조인 B♭장조의 딸림화음에 도달하는 전조적 경과구이며, 제1주제의 시작선율로 시작된 종속적 경과구이다.

5) 종결주제(마디73–88)는 하나의 악구(마디73–80)와 반복악구(마디81–88)로 구성되며 각 악구는 완전정격종지로 마친다.

6) 코데타로, 제시부에서 종결주제의 완전정격종지 이후 단락을 마무리한다.

4. 다음은 베토벤의 <교향곡 제1번>, Op. 21, 제1악장 중 제시부이다. 아래의 질문에 답하시오.

1) 마디1-12의 역할은 무엇인가?

2) 제1주제를 찾아 종지 및 악구 구조를 분석하시오.

3) 제2주제는 어디인지 마디를 쓰고, 제1주제와 조성을 비교하시오.

4) 경과구를 찾아 조성적 측면(전조적/비전조적)과 선율적 측면(종속적/독립적)을 고려하여 분석하시오.

5) 제2주제와 종결주제를 구분하는 제시부필수종결점(EEC)는 어디인가?

6) 종결주제를 찾아 종지 및 악구구조를 분석하시오.

모범답안

1) 마디1-12는 도입부로, 제시부에 앞서 느린 템포로 빠른 제시부의 시작을 준비한다. 또한 C장조의 딸림화음으로 마침에 따라 제시부의 제1주제가 으뜸화음으로 시작하도록 돕는다.

2) 제1주제(마디13-33)는 C장조의 완전정격종지로 마치는 센텐스로, 진술(마디13-25)과 전개(마디26-33)로 구성된다.

3) 제2주제는 마디53-88이며, 제2주제는 원조의 딸림조인 G장조이다.

4) 경과구(마디33-52)는 원조의 으뜸화음 연장으로 시작하여 딸림화음에 도달하는 비전조적 경과구이며, 제1주제와 다른 선율소재로 시작하는 독립적 경과구이다.

5) 제시부필수종결점은 마디88이다.

6) 종결주제(마디88-100)는 단일악구이며, 완전정격종지로 마친다.

[분석 악곡 4]

1) 하이든의 소나타형식

   (1) 하이든, <피아노소나타>, Hob. XVI: 35, 제1악장

   (2) 하이든, <현악4중주>, Op. 50/1, 제4악장

   (3) 하이든, <현악4중주>, Op. 50/3, 제1악장

2) 모차르트의 소나타형식

   (1) 모차르트, <피아노소나타 제5번>, K. 309, 제1악장

   (2) 모차르트, <피아노소나타 제12번>, K. 332, 제1악장

   (3) 모차르트, <피아노소나타 제13번>, K. 333, 제1악장

   (4) 모차르트, <바이올린소나타>, K. 296, 제1악장

   (5) 모차르트, <클라리넷5중주>, K. 581, 제1악장

3) 베토벤의 소나타형식

   (1) 베토벤, <피아노소나타 제1번>, Op. 2/2, 제1악장

   (2) 베토벤, <피아노소나타 제5번>, Op. 10/1, 제1악장

   (3) 베토벤, <피아노소나타 제11번>, Op. 22, 제1악장

   (4) 베토벤, <피아노소나타 제19번>, Op. 49/1, 제1악장

   (5) 베토벤, <피아노소나타 제26번>, Op. 81a, '고별'(Les Adieux), 제3악장

   (6) 베토벤, <호른소나타>, Op. 17, 제1악장

   (7) 베토벤, <바이올린소나타 제5번>, Op. 24, '봄'(*Spring*), 제1악장

   (8) 베토벤, <교향곡 제5번>, Op. 64, 제1악장

요약

❖ 제시부는 원조 영역과 새조 영역으로 나뉘며, 고전주의 작품에서 이들 조성은 대부분 딸림조(장조) 혹은 관계장조(단조)로 나타난다.

❖ 제시부의 제1주제를 마무리하는 종지는 완전정격종지로 나타나는 경우가 많으며, 이외에도 반종지로 나타나기도 한다.

❖ 제시부의 경과구는 원조 영역과 새조 영역을 연결하는 역할을 하며 선율과 화성에 따라 유형을 나눌 수 있다: 독립적 경과구와 종속적 경과구, 전조적 경과구와 비전조적 경과구.

❖ 새조 영역은 제2주제, 종결주제, 코데타 등으로 구성되며, 대부분의 고전주의 작품의 경우 장조의 곡은 딸림조로 단조의 곡은 관계장조 혹은 딸림조로 나타난다.

❖ 제시부의 제2주제는 새로운 조성의 완전정격종지로 마쳐야 하는데, 이는 제2주제와 이후 등장하는 종결주제를 나누는 구분점의 역할을 하기도 한다. 이러한 종지를 제시부필수종결점(essential expositional closure, EEC)이라고 부른다.

❖ 발전부는 제시부에 등장했던 소재가 사용되거나 새로운 소재를 통해서 음악을 전개시킨다.

❖ 발전부에서는 조성과 악구 구조의 불안정성에 의하여 긴장감이 고조된다.

❖ 발전부의 마지막 단락은 재경과구로, 원조의 딸림화음 연장을 통해 재현부를 시작하도록 이끌어준다.

❖ 발전부의 재경과구 이전에 원조나 다른 조성에서 제1주제의 시작 선율로 시작하여 마치 재현부처럼 들리게 하는 거짓재현부가 나타나기도 한다.

❖ 재현부에서는 제시부의 단락들이 원조 영역으로 복귀되어 나타난다.

❖ 재현부에서는 제시부의 음악적 내용들이 전형적인 형태로 반복되어 나타나기도 하지만, 원조가 아니라 이완의 조성인 내림조 영역이 사용되기도 하고 주제의 순서가 뒤바뀌거나 생략과 삽입되는 등의 변형이 일어나기도 한다.

❖ 코다는 재현부를 마치는 강한 종지 이후에 나타나는 부분으로 으뜸화음의 연장을 통해 전체 악장의 종결을 강화한다.

❖ 코다에서는 악장을 좀 더 극적으로 끝내기 위하여 일련의 종지적 악구를 사용하고, 앞에서 등장했던 주제들을 회상시키거나 혹은 재현부에서 생략되었던 주제들을 등장시키기도 한다.

V. 론도형식

rondo form

학습 목표

❖ 론도형식의 주제와 그 재현 사이 삽입되는 에피소드의 구성을 이해하고 분석할 수 있다.
❖ 주제와 에피소드 간 선율적·조성적 대조를 파악할 수 있다.
❖ 경과구와 재경과구의 역할을 이해하고 분석할 수 있다.
❖ 5부분론도형식과 7부분론도형식의 구성을 이해하고 분석할 수 있다.
❖ 소나타형식, 7부분론도형식, 소나타론도형식을 구분할 수 있다.
❖ 소나타론도형식의 발전부의 특징과 역할을 이해할 수 있다.

제5장에서는 바로크 시대부터 사용되고 고전주의 시대에 중요한 기악형식으로 자리 잡은 '론도형식'(rondo form)에 대해 살펴본다. 론도형식은 주로 실내악곡, 독주소나타, 협주곡, 교향곡 등의 마지막 악장에서 사용되었고 '론도'(rondo)라는 제목의 독립적 악곡으로도 작곡되었다.

론도형식의 주제는 반복한다는 뜻의 '리프레인'(refrain, '후렴')이라고도 부르며, 주제가 여러 차례 반복되는 구성에 주제와 선율적·조성적으로 대조되는 '에피소드'(episode)가 삽입된다. 주제와 에피소드를 연결하는 '경과구'(transition), 에피소드에서 주제로 돌아가기 위한 '재경과구'(retransition)가 등장하기도 하며, 마지막에 '코다'(coda)가 첨가될 수 있다. 론도는 주제와 에피소드의 구성에 따라 '5부분론도형식'(five-part rondo form), '7부분론도형식'(seven-part rondo form), '소나타론도형식'(sonata-rondo form)으로 구분된다.

론도의 어원

● 13세기 프랑스 북부 지역에서 춤을 'ronde'(둥글다)라고 불렀는데 바로 이 단어에서 론도(Rondeau)가 파생되었다. 론도는 라틴어로 'rotundellum', 즉 '둥글다', '순환적이다'라는 뜻이다. 14세기 음악학자 그로체오(Johannes de Grocheo, 1255-1320)는 『음악학』(De musica, 1300)에서 론도가 하나의 원처럼 생겼으며, 시작과 끝이 같아야 하고, 반드시 후렴구로 시작해야 한다고 기술한 바 있다. 16세기에 활동했던 세비에(Thomas Sébillet, 1512-1589) 또한 그로체오와 마찬가지로 『시적 예술』(Art poétique, 1548)에서 론도를 순환적인 '원'의 관점에서 설명하였다. 그리고 춤을 추는 사람들이 합창으로 후렴구를 노래하면 솔로 무용수는 다른 행(에피소드)을 부르면서 춤을 춰야 한다고 덧붙였다.

1. 론도의 기본 구성

1) 주제

론도형식에서 주제는 일반적으로 악절 또는 2부분형식, 3부분형식으로 구성되며, 으뜸조에서 정격종지하는, 조성적으로 닫힌 구조를 갖는다.[21] 에피소드 이후 주제가 재현할 때는 항상 원조로 나타나며 주제의 길이는 가감 없이 그대로, 또는 축소, 확장, 변형되어 등장하기도 한다.

2) 에피소드

론도형식에서 주제 사이에 삽입되는, 주제와 대조되는 단락을 에피소드라고 한다. 주제는 원조에서 나타나고, 에피소드는 원조가 아닌 새조에서 등장하기 때문에 주제와 조성적 대조를 이룬다. 선율적으로도 주제와 에피소드는 대조되지만, 그 '정도'는 악곡마다 다르다. 주제에서 선율 요소를 가져와 에피소드를 시작하기도 하고, 매우 새로운 요소를 도입하기도 한다. 후자의 경우, 경과구를 사용해 에피소드의 생경함을 상쇄하기도 한다.

에피소드2가 에피소드1보다는 대조의 정도가 더 심하다. 7부분론도의 에피소드3은 에피소드1을 재사용하는 경우가 많다. 이때 에피소드3은 새조가 아닌, 원조에서 나타난다.

3) 경과구

경과구는 주제와 에피소드 사이를 연결해주는 패시지이다. 원조에서 새조 영역으로 연결하는 역할을 하며 에피소드의 새로운 선율과 조성적으로 자연스럽게 이어지도록 돕는다.

4) 재경과구

재경과구는 에피소드와 주제 사이를 연결해주는 패시지이다. 에피소드의 새조에서 주제의 원조로 이어주는 역할을 한다. 따라서 재경과부는 주로 원조에서 반종지한다.

5) 코다

코다는 주제의 마지막 재현 뒤에 나오는 단락으로 악곡 전체를 마무리하는 역할을 한다. 일반적으로 주제, 에피소드, 경과구에 나왔던 선율의 일부가 원조에서 회상되며 일련의 화성진행을 통해 완전정격종지하거나 혹은 더욱 단순한 방식으로 으뜸화음을 연장하며 종결을 강화한다.

2. 5부분 론도형식

5부분 론도형식은 주제가 세 번 등장하고 그 사이에 에피소드가 두 번 삽입되는 구성이다. 주제는 A, 에피소드는 각각 B와 C로 표시하고, A 옆에 아래 첨자로 주제의 등장 회차를 적는다 (**표5-1**).

▶ **표5-1.** 고전 시대 5부분 론도형식의 일반적 구성

구성	주제	에피소드1	주제	에피소드2	주제
	A_1	B	A_2	C	A_3
조성	원조	새조1	원조	새조2	원조

1) 주제(=A_1)

5부분론도형식의 사례로 살펴볼 악곡은 모차르트, <피아노소나타 제14번>, K. 457, 제2악장이다. 마디1-7은 주제(A_1)로 유사악절로 되어있다(**예5-1**). 주제는 느린 템포의 E♭장조, 아르페지오 반주의 우아한 선율이 특징이다. 으뜸화음에서 시작하여 마디3에서 반종지하고, G-A♭-A♮의 선율적 링크를 통해 후행악구로 연결된다. 후행악구는 선행악구를 변주하여 진행하다가 마디7에서 완전정격종지로 마친다.

▶ **예5-1.** 모차르트, <피아노소나타 제14번>, K. 457, 제2악장, 마디1-7

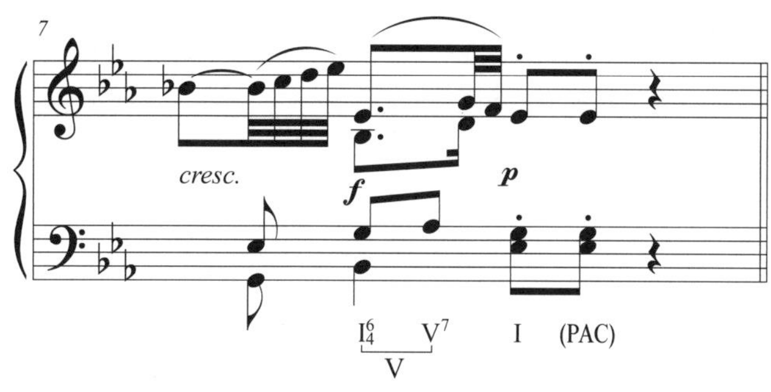

2) 에피소드1(=B)

첫 번째 에피소드(B)는 마디8-16에 걸쳐 딸림조인 B♭장조에서 등장한다(**예5-2**). 조성적·선율적인 측면에서 주제와 대조되지만, 주제와 에피소드 간 선율적 관련성도 찾아볼 수 있다. 마디8에 놓인 선율 골격 F–D–E♭–C는 주제의 오프닝을 이조하여 수식한 것이다. 유사한 선율 재료가 등장하지만, 이후의 전개 방식, 그리고 그러한 전개가 펼쳐지는 조성의 차이는 이 부분을 에피소드로 들리게 한다.

에피소드의 화려한 전개는 마디13에 이르러 완전정격종지한다. 이후 V⁷-I의 종지적 진행을 반복하며 다소 짧게 맺은 에피소드의 아쉬움을 채운다. 이로써 첫 번째 에피소드는 마디16에서 완전정격종지로 마친다. 마디16의 낮은 음역대에서 상행하는 제스쳐는 짧은 경과구로 작용하며 E♭장조 V⁷의 펼침을 통해 원조의 으뜸화음 도입을 자연스럽게 이끈다.

▶ **예5-2.** 모차르트, <피아노소나타 제14번>, K. 457, 제2악장, 마디8-16

3) 주제(=A₂)

주제의 두 번째 재현인 A₂(마디17-23)는 원조로 돌아와 E♭장조에서 펼쳐진다(**예5-3**). A₂
는 A₁의 선율에 돈꾸밈음형의 장식만 첨가되었다. 마디19의 반종지에 도착하기 전 왼손의 옥타
브 진행과 오른손의 당김음이 만들어내는 긴장은 반종지의 도착을 더욱 절실하게 만든다. 후행
악구는 A₁과 다름없이 전개되어 유사악절을 형성한다.

▶ **예5-3.** 모차르트, <피아노소나타 제14번>, K. 457, 제2악장, 마디17-23

4) 에피소드2(=C)

두 번째 에피소드(C)는 버금딸림조성인 A♭장조에서 시작해 마디24-40에 걸쳐 펼쳐진다
(**예5-4**). 조성적으로 뿐만 아니라, 선율적으로도 이 두 번째 에피소드는 새롭다. 에피소드를
시작하는 3̂-2̂-5̂의 선율(마디24)은 주제와는 확연히 다른 소재이다. 모차르트는 이 선율형에 보
조음형을 더해 매력적인 동기를 완성하고 이를 반복하며 에피소드 확장의 본격적인 서막을 마

련한다(마디24-25). 마디27-28에는 V⁷을 연장하며 앞선 소재를 활용한 우아한 선율을 펼치고, 마디29-30에 이르러 피아니스트는 화려한 음계 음형을 통해 기교를 뽐낼 수 있다. 마디30-31의 경과구적 패시지는 분명 원조인 E♭장조를 기대하게 만들지만, 기대를 벗어나는 G♭장조의 등장(마디32)은 또 한 번의 신선함을 만든다.

마디32-33에는 에피소드의 오프닝과 동일하게 $\hat{3}$-$\hat{2}$-$\hat{5}$의 선율이 G♭장조를 배경으로 등장하고 반복을 통해 그 정체를 분명히 한다. 마디34-37은 모차르트 화성어법의 수월성이 드러나는 전략적인 지점이다. G♭장조에서 시작, A♭단조, B♭단조를 급격하게 거치며 마침내 C단조의 딸림화음을 목표인 양 삼으며 도착한다. 이후 마디38부터는 양손이 협업하는 음형으로 [$\hat{5}$-$\hat{4}$-$\hat{3}$]의 움직임을 통해 '잘못된' 대상인 C단조의 딸림화음을 연장한다. 베이스의 순차 하행진행을 기반으로 한 딸림화음의 연장은 마디39-40에서 '옳은' 목표점인 E♭장조의 딸림화음을 향한다. 마디40의 V⁷의 출현은 짧고 또 생경하지만, 원조의 으뜸화음을 준비한다.

▶ **예5-4.** 모차르트, <피아노소나타 제14번>, K. 457, 제2악장, 마디24-40

Gb: I

5) 주제(=A₃)

주제의 세 번째 재현인 A₃(마디41-47)은 원조인 E♭장조에서 등장하여 완전정격종지로 마친다(**예5-5**). A₃은 한결 더 화려하고 장식적이다. 미세한 리듬 분할(마디41-44)은 물론, 펼친 옥타브 음형(마디43), 반음계적 경과음(마디45)과 곳곳의 돈꾸밈음(마디44-47), 그리고 양손에서 주고받도록 재배치된 모방적 짜임새(마디46) 등은 동일한 구조 위에서 꽃 피울 수 있는 표현성의 극치를 보인다.

▶ **예5-5.** 모차르트, <피아노소나타 제14번>, K. 457, 제2악장, 마디41-47

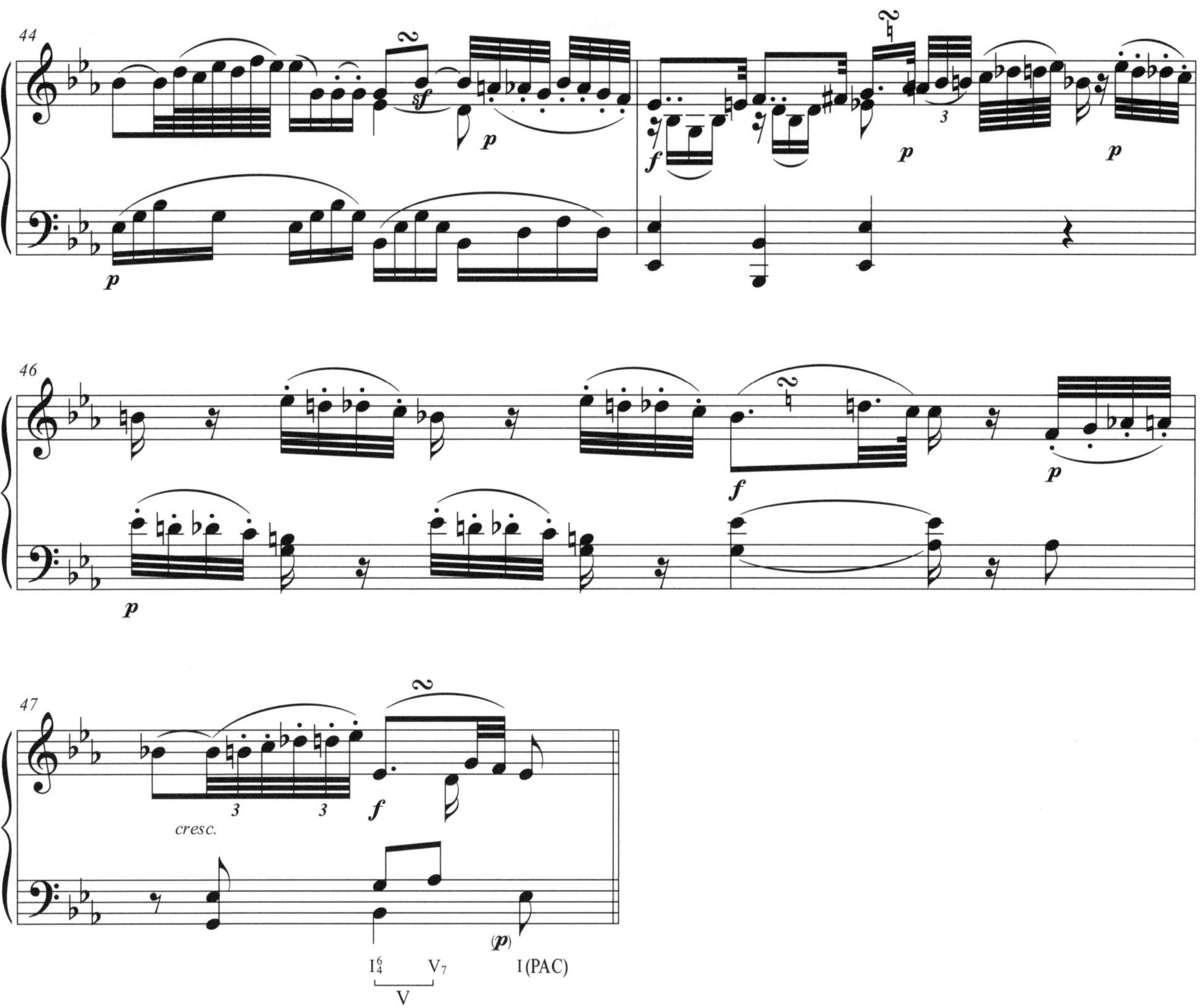

6) 코다

코다(마디47-57)는 A₃의 완전정격종지 이후 [⁵₃-⁶₄-⁵₃]의 움직임을 통해 으뜸화음을 연장하며 시작한다(**예5-6**). 원조인 E♭장조의 종지적 화성진행 위로 주제 부분에 등장했던 선율의 단편이 화려하게 장식되어 펼쳐진다. 미세한 리듬 분할, 화려한 돈꾸밈음과 트릴, 두 옥타브를 넘나드는 음계 음형, 스타카토로 처리되어 표현성을 극대화할 수 있는 반복음은 론도가 갖는 우아함에 최상의 표현성을 더한다. 코다는 음악적 흐름을 절정에 올려놓으며 악곡을 종결하는 역할을 한다.

▶ 예5-6. 모차르트, <피아노소나타 제14번>, K. 457, 제2악장, 마디47-57

5부분론도형식의 사례인 모차르트, 제2악장은 다음과 같이 정리될 수 있다.

▶ **표5-2.** 모차르트, <피아노소나타 제14번>, K. 457, 제2악장 형식

구성	주제	에피소드1	주제	에피소드2	주제	코다
	A₁	B	A₂	C	A₃	코다
마디	1–7	8–16	17–23	24–40	41–47	47–56
조성	E♭	B♭	E♭	A♭, G♭	E♭	E♭

3. 7부분 론도

'고전론도'(classical rondo)라고도 불리는 7부분론도는 일곱 개의 부분으로 구성된다. 7부분론도에는 주제가 네 번 나타나고, 주제 사이에 세 번의 에피소드가 출현한다. 5부분론도와 같이, 주제는 원조, 에피소드는 새조에서 나타나면서 조성적·선율적 대조를 이룬다. 마지막 에피소드에는 새로운 소재가 등장하기보다는 첫 번째 에피소드가 원조로 재현하는 특징이 있다. 단조성의 주제일 경우, 에피소드3(B_2)이 같은으뜸음장조에서 등장하기도 한다.

7부분론도형식은 고전 시대에 '론도'라는 이름을 가진 독립된 악곡뿐 아니라, 다악장 기악 작품의 마지막 악장에도 자주 사용되었다. **표5-3**은 7부분론도의 일반적인 구성이다.

▶ **표5-3.** 7부분론도의 구성

구성	주제	에피소드1	주제	에피소드2	주제	에피소드3	주제
	A_1	B_1	A_2	C	A_3	B_2	A_4
조성	원조	새조1	원조	새조2	원조	원조	원조

7부분론도와 복합3부분 형식

● 7부분론도는 두 번째 에피소드인 C를 중심으로 대칭을 이룬다. 이러한 구성상의 특징으로 인해 C가 확장되면 이를 에워싸고 있는 ABA 모둠과 대등하게 작용할 수 있다. 즉, 7부분론도형식을 거시적 3부분형식으로 오인할 수 있게 된다. 그러나 주제(A)의 재현 양상과 에피소드1과 2 사이의 전개 방식을 면밀하게 비교한다면 앞서 3장에서 학습한 복합3부분형식과의 혼동을 방지할 수 있을 것이다.

A_1	B_1	A_2	C	A_3	B_2	A_4
A	B	A	B	A	B	A

1) 주제(=A_1)

7부분론도의 사례로 살펴볼 베토벤, <현악4중주 제4번>(*String Quartet No. 4*, Op. 18, No. 4)의 제4악장에는 주제가 네 번, 그 사이 세 번의 에피소드가 나온다. 16마디로 구성된 주제는 빠르게 움직이는 8분음표 음형, 스타카토, 스포르찬도, 급격한 크레셴도 등으로 활발하고 역동적인 분위기를 자아낸다.

　이 론도의 주제는 연속적 순환2부분형식으로 되어있다. 첫 번째 단락(마디1-8)은 원조인 C단조에서 시작해서 G단조로 전조하여 정격종지한다. 마디9에서 두 번째 단락이 시작하자마자 5도권 순환에 의한 동형진행을 통해 C단조로 돌아와 마디12에서 페르마타로 반종지한다. 마디 13에서 시작하는 두 번째 단락의 두 번째 악구는 첫 번째 단락의 일부를 원조로 가지고 와서 재현한 것으로 오프닝을 회상하는 역할을 한다. 마디16에서 완전정격종지한다.

▶ **예5-7.** 베토벤, <현악4중주 제4번>, Op. 18/4, 제4악장, 마디1-16

2) 에피소드1(=B₁)

마디17에서 시작하는 첫 번째 에피소드(B₁)는 A♭장조로 나타나 앞선 주제와 조성적 대조를 보인다. 또한 주제가 역동적이었던 것과 달리, 에피소드는 주로 피아노(*p*)의 약한 다이내믹에서 서정적인 선율을 특징으로 한다. 주선율은 제2바이올린에 놓여 있으며, 다른 성부들은 이 주선율을 지지하는 호모포니 짜임새를 형성한다. 그러나 두 대의 바이올린, 비올라와 첼로는 쌍을 이루어 모방하는 짜임새를 형성한다(마디25-28).

첫 번째 에피소드 역시 이 악곡의 주제와 같이, 순환2부분형식으로 되어있다. 원조의 정격종지로 마치는 첫 번째 단락(마디17-24)과 딸림화음을 연장하는 두 번째 단락(마디25-40), 그리고 첫 번째 단락의 여덟 마디의 재현이 순환2부분형식을 만든다. 첫 번째 단락이 원조에서 정격종지로 마치므로 단락적이다.

▶ **예5-8.** 베토벤, <현악4중주 제4번>, Op. 18/4, 제4악장, 마디17-40

3) 주제(=A₂)

마디41-72에서 주제가 원조로 재현된다. 이 A₂는 주제의 첫 번째 제시(A₁)와 선율적·화성적 설계는 동일하다. 다만 주제의 두 번째 제시 부분에서는 베토벤이 도돌이표를 사용하지 않고 첫 번째 단락과 두 번째 단락을 모두 풀어썼다는 점에서 다르다. 마디49-56은 마디41-48의 반복으로 제1바이올린뿐 아니라 모든 성부가 8분음표의 리듬 분할을 통해 변주하였다. 마찬가지로 마디65-72는 마디57-64의 반복으로 8분음표 리듬 분할과 다이내믹의 측면에서 변형되었다.

▶ **예5-9.** 베토벤, <현악4중주 제4번>, Op. 18/4, 제4악장, 마디41–72

57
sf   sf   p   cresc.   f
p   sf   sf   p   cresc.   f
p   p   cresc.   f
p   p   cresc.   f
64
sf   sf   ff   p   cresc.
sf   sf   ff   p   cresc.
sf   sf   ff   p   cresc.
sf   sf   ff   p   cresc.
70
f
f
f
f
i⁶₄   V₇   i
V   (PAC)

4) 에피소드2(=C)

두 번째 에피소드(마디73-86)는 같은으뜸음조인 C장조로 나타난다. 이 에피소드는 14 마디로 주제나 첫 번째 에피소드에 비해 다소 짧다. 두 개의 단락으로 구성된 에피소드는 C장조로 시작해 첫 번째 단락의 끝에서 G장조로 완전정격종지하고, 두 번째 단락의 후반부에서 C장조로 돌아온다. 두 단락 구성에서 첫 단락이 조성적으로 열려 있고, 두 번째 단락에 오프닝 소재가 재현되지 않으므로 연속적 단순2부분형식에 해당한다.

▶ **예5-10.** 베토벤, <현악4중주 제4번>, Op. 18/4, 제4악장, 마디73-86

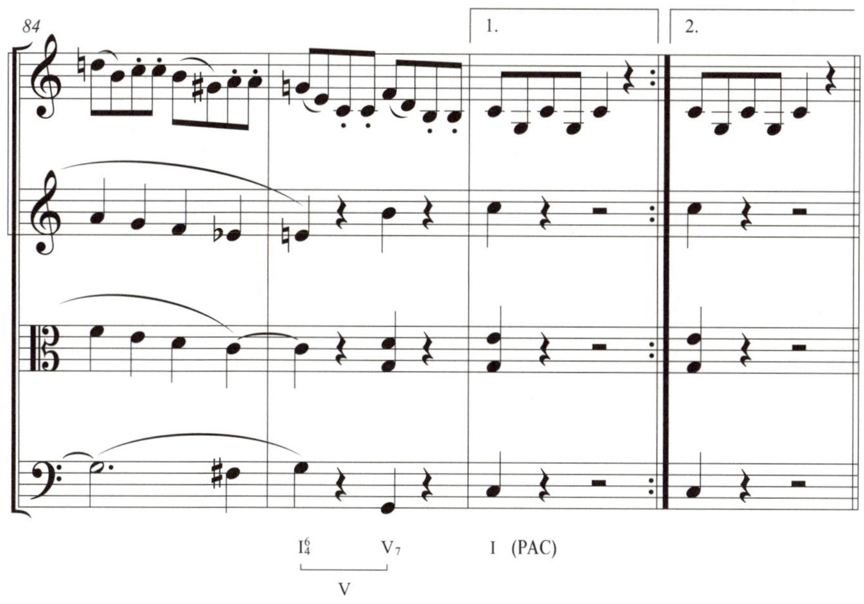

5) 주제(=A₃)

마디87-110에는 주제의 세 번째 재현(A₃)이 이루어진다. 이 부분도 앞서 제시된 주제와 거의 유사하지만 제2바이올린의 역할이 보다 두드러진다. 첫 번째 단락에서는 제2바이올린이 주선율을 먼저 시작하고, 반 마디 후에 이를 제1바이올린이 받아서 연주하는 모방적인 짜임새가 보다 확대되었고,[22] 두 번째 단락의 시작 부분(마디95-98)에서도 주제의 첫 제시(A₁)와 다르게 제2바이올린이 주선율을 연주하고 다른 성부들이 화성적으로 뒷받침한다. 첫 번째 단락은 도돌이표에 의해 그대로 반복되지만, 두 번째 단락은 풀어 쓴 도돌이표로 반복 시 더 밀도 높은 짜임새를 사용한다.

▶ **예5-11.** 베토벤, <현악4중주 제4번>, Op. 18/4, 제4악장, 마디87-110

6) 경과구(=TR)

마디111-116의 여섯 마디는 주제와 마지막 에피소드를 연결하는 경과구(TR)이다. 경과구는 원조의 딸림7화음을 연장하면서 다이내믹을 증가시켜 마디116에서 페르마타 위에 모든 성부가 딸림7화음을 포르티시모로 연주함으로써 다음 부분에 대한 기대와 긴장감을 불러일으킨다.

7) 에피소드3(=B₂)

마디117부터 세 번째 에피소드(B₂)가 시작된다. 기본적으로 첫 번째 에피소드(B₁)를 같은으뜸음조인 C장조에서 재현한 것이지만, 꽤 많은 변형이 일어난다. B₂에서는 B₁의 첫 단락이 확장되고, 두 번째 단락은 생략되었다. 마디125-132는 마디117-124의 반복으로 제1바이올린이 주선율을 연주하고 제2바이올린이 8분음표 음형으로 화성적 뒷받침을 하도록 변형되었다. 또한, 마디133-136은 마디129-132를 반복하여 확장한 것으로 마디132의 정격종지를 마디136에서는 반종지로 바꾸어 등장시킨다. 이는 마디137부터 나타나는 재경과구가 으뜸화음으로 시작하는 점에서 기인할 것이다.

▶ **예5-13.** 베토벤, <현악4중주 제4번>, Op. 18/4, 제4악장, 마디117–136

8) 재경과구(=RT)

마디137-162은 세 번째 에피소드(B₂)과 주제(A₄) 사이에 놓인 재경과구이다. 주제의 시작동기를 활용하여 C장조-C단조-E♭장조-F단조로 전조하며 동형진행한 다음, 마디151-152에서 증6화음을 거쳐 마디153에서 딸림7화음에 도달한다. 이후 딸림7화음을 길게 연장하여 마디162에서 페르마타로 마치면서 주제의 마지막 제시에 대한 기대감을 불러일으킨다.

▶ **예5-14.** 베토벤, <현악4중주 제4번>, Op. 18/4, 제4악장, 마디137-162

9) 주제(=A₄)

마디163부터 주제의 네 번째 재현(A₄)이 일어난다. 이 마지막 재현은 프레스티시모
(**Prestissimo**)의 빠른 템포와 포르티시모의 강한 다이내믹으로 몰아치는 부분이다. A₄에서는 첫
번째 단락과 두 번째 단락이 반복 없이 한 번씩만 나오는 대신, 마디178부터 시작 동기를 활용하
여 종지형을 반복하는 14 마디가 확장되어 마디192에서 강한 완전정격종지에 도달한다.

▶ **예5-15.** 베토벤, <현악4중주 제4번>, Op. 18/4, 제4악장, 마디163-192

10) 코다

주제의 마지막 재현 이후 코다가 이어진다. 마디192부터 스포르찬도를 사용한 당김음을 특징적으로 보여주면서 종지형을 반복하다가 마디203-204에서 완전정격종지한다(마디192-203). 이후 지속음으로 사용된 으뜸음 위로 주제에서 기인한 8분음표 동기와 반복음이 모든 성부에서 나타나다가 두 번째 에피소드(C)에서 나타났던 셋잇단음표를 사용한 4도 상행 동기로 끝난다(마디204-217).

▶ **예5-16.** 베토벤, <현악4중주 제4번>, Op.18/4, 제4악장, 마디192-217

지금까지 분석한 베토벤의 7부분론도형식은 다음과 같다.

▶ **표5-4.** 베토벤, <현악4중주 제4번>, Op. 18/4, 제4악장, 전체 형식

구성	주제	에피소드1	주제	에피소드2	주제	경과구	에피소드3	재경과구	주제	코다
	A_1	B	A_2	C	A_3	TR	B_2	RT	A_4	Coda
마디	1–16	17–40	41–72	73–86	87–110	111–116	117–136	137–162	163–191	192–217
조성	c	A♭	c	C	c		C		c	
조성구조	i	VI	i	I	i		I		i	

4. 소나타론도형식

소나타론도형식은 앞에서 살펴본 7부분론도형식과 같이 주제가 네 번 나타나고, 그 사이에 세 개의 에피소드가 삽입된다. 소나타론도형식은 소나타형식과 론도형식이 혼합된 형태이다. 론도의 A_1-B_1-A_2가 소나타형식의 제시부, C는 발전부, A_3-B_2-A_4가 재현부에 해당한다. 여기서 중요한 것은 주제와 첫 번째 에피소드인 B_1과의 조성 관계인데, 소나타형식에서 제1주제가 장조일 경우 제2주제가 딸림조에서 나타나는 것처럼, 소나타론도형식에서도 첫 번째 에피소드는 A_1의 딸림조로 나타난다.

론도의 두 번째 에피소드인 C는 소나타의 발전부에 해당하여 주제(A_1)와 에피소드(B_1)에서 사용된 음악적 재료들이 복귀해 발전한다. 그 과정에서 동형진행, 모방 등의 기법과 여러 차례의 전조도 나타난다. 소나타형식의 재현부에서 제1주제, 경과구, 제2주제 등이 모두 원조에서 나타나는 것처럼, 소나타론도형식의 A_3-B_2-A_4는 모두 원조에서 등장하며 조성적 통일감을 확보한다. 소나타론도형식의 구성은 다음과 같다.

▶ **표5-5. 소나타론도의 구성**

론도형식	A_1	B_1	A_2	C	A_3	B_2	A_4	코다
소나타형식	제시부			발전부	재현부			코다
	제1주제	제2주제			제1주제	제2주제		
조성 장조	I	V	I	xxxx	I	I	I	I
조성 단조	i	III	i	xxxx	i	i	i	i

1) 주제(=A_1)

다음은 베토벤, <피아노소나타 제16번>(*Piano Sonata No. 16*, Op. 31/1), 제3악장으로 소나타론도형식이다. 유사악절의 주제는 선행악구(마디1-4)와 후행악구(마디5-9)의 구성으로, 각각 반종지와 완전정격종지로 맺는다. 짧은 연결구(마디8-16)를 거쳐 주제가 반복하는데(마디16-24), 경과구 선율이 저음에서 4분음표로 연주되는 동안, 오른손은 셋잇단음표로 대선율을 연주한다.

▶ **예5-17.** 베토벤, <피아노소나타 제16번>, Op. 31/1, 제3악장, 마디1-8

2) 경과구(=TR₁)

경과구(TR₁)는 마디24-42에 걸쳐 주제(=A₁)와 첫 번째 에피소드(B)를 연결한다(**예5-18**). 단락이 처음 시작할 때 베토벤은 반복 연주되는 주제 사이에 삽입한 연결구를 여기서 다시 사용하는데, 음역과 조성적인 측면에서 앞의 것과 대조된다. 경과구가 처음 등장할 때는 두 옥타브 내에서 연주된 반면, 뒤에서는 세 옥타브로 확장되었다. 그리고 조성적인 측면에서 첫 경과구는 원조에서 나타났지만, 뒤에 나오는 경과구는 원조(G장조)에서 시작해 관계단조인 E단조(마디32-34)와 웃으뜸음조인 A장조로 전조된다(마디34-42). 완전정격종지(마디41-42) 이후, 목표점인 으뜸화음을 D장조의 딸림화음으로 삼아 새조를 준비한다.

▶ **예5–18.** 베토벤, <피아노소나타 제16번>, Op. 31/1, 제3악장, 마디24–42

3) 에피소드1(=B₁)

첫 번째 에피소드(B₁)는 마디42-52에 걸쳐 새조인 D장조에서 나타난다(**예5-19**). B₁은 두 개의 요소로 구성되어 있다. 첫 번째는 주제가 처음부터 끝까지 저음에서 3도 도약하는 요소이다. 두 번째는 오른손의 셋잇단음표인데, 이는 마디17에서 한 차례 선보인 경과구의 동기 중 하나이다. B는 두 개의 악구로 구성된다. 첫 번째 악구는 으뜸화음으로 끝나며(마디46), 두 번째는 첫 번째 악구를 연장하며 완전정격종지한다.

▶ **예5-19.** 베토벤, <피아노소나타 제16번>, Op. 31/1, 제3악장, 마디42-52

4) 재경과구(=RT)

재경과구(RT)는 마디52-66에 걸쳐 첫 번째 에피소드(B₁)에서 주제(A₂)로의 복귀를 돕는다(**예5-20**). 재경과구를 구성하는 요소는 단순하다. 주제에서 유래한 연속적인 4분음표와 경과구의 셋잇단음표가 재경과구의 처음부터 끝까지 등장한다. 론도형식에서 주제가 돌아올 때는 언제나 원조로 나타나며, 이를 자연스럽게 준비하기 위해 첫 번째 에피소드는 원조의 딸림화음으로 종지한다(마디66).

▶ **예5-20.** 베토벤, <피아노소나타 제16번>, Op. 31/1, 제3악장, 마디52-66

5) 주제(=A₂)

주제의 두 번째 등장(A₂)도 마디66-74에 걸쳐 원조인 G장조에서 이루어진다(**예5-21**). A₁에서
모든 성부가 호모포니 짜임새로 연주된 반면, A₂에서 반주 음형이 셋잇단음표로 대체되었다.

▶ **예5-21.** 베토벤, <피아노소나타 제16번>, Op. 31/1, 제3악장, 마디66-74

6) 경과구(=TR)

A₂가 끝난 다음 마디74에서 경과구가 시작된다(**예5-22**). 이 두 번째 경과구(TR₂)는 첫 번
째 경과구(TR₁)와는 그 전개 방식이 다르다. 두 번째 경과구는 선율을 오른손 성부에서 제시(마
디74-82)한 다음, 왼손으로 옮겨간다(마디82-86). 또한, 전조와 음역 확장을 동반했던 TR₁과는
달리, TR₂는 경과구의 앞부분(마디74-82)을 두 번 반복한다. 장·단조 혼용을 통해 다양한 화성
적 색채를 만들어낸다.

▶ **예5-22.** 베토벤, <피아노소나타 제16번>, Op. 31/1, 제3악장, 마디74-86

7) 에피소드2(=C)

소나타론도형식의 가운데 부분인 에피소드2(C)는 소나타형식의 발전부에 해당한다. 소나타형식의 발전부는 제시부에서 등장했던 제1주제, 제2주제, 경과구, 종결주제 등을 사용하거나 새로운 음악적 요소를 초대해 음악을 전개한다. 일반적으로 발전부는 여러 개의 단락으로 이루어지며, 조성이 바뀌고 주제 요소가 발전되며 긴장감이 고조된다. 이 곡의 C는 세 개의 단락으로 나뉘는데, 단락1은 마디86-98, 단락2는 마디98-125, 경과부로 기능하는 단락3은 마디125-132에 해당한다.

(1) 단락1

단락1은 주제의 머리 부분(마디86-88, 왼손)과 에피소드1의 3도 도약(마디89-90, 왼손)을 혼합하여 시작한다(**예5-23**). G단조에서 시작하여 E♭장조로 전조하여 마디98에서 종지한다.
주제 선율을 양손이 모방하며 만들어내는 대위법적 짜임새가 눈에 띈다.

▶ **예5-23.** 베토벤, <피아노소나타 제16번>, Op. 31/1, 제3악장, 마디86-98

(2) 단락2

단락2(마디98-125)는 에피소드2를 구성하는 세 단락 중에서 가장 길다(**예5-24**). 동일한
주제 선율이 단편화되어 여러 조성에 걸쳐 나타나며 소나타형식의 발전부적인 면모를 더한다.
단락2를 구성하는 베토벤의 방식이 흥미롭다. 주제(A)의 첫 두 마디(마디1-2)를 가져와 여러 조
성을 거치며 가공한다. E♭장조에서 시작하는 본격적인 발전의 씨앗은 왼손의 셋잇단음표 음형
에 감춰진 베이스라인에서 들을 수 있다(마디98-101). 순차 상행하는 4도선 E♭-F-G-A♭과 F-G-
A♭-B♭이 오른손의 E♭-D를 대위한다. 이후 주제의 단편이 코달한 짜임새로 제시되며 두 번째
에피소드이며 동시에 발전부인 이 단락이 주제를 '발전'하는 방식으로 구성되고 있음을 느끼
게 해준다.

베토벤은 동형진행을 통해 C단조에 도착한 후, 앞선 패시지를 이조하여 제시한다(마디105-
112). 동형진행의 '한 번 더' 기법은 F단조로의 진입을 용이하게 하고, B♭-E♭-A♭으로 이루어지는
5도권의 순환으로 가속화된다. 마디119의 A♭-장3화음은 G단조로 복귀하기 위한 공통화음으로
작용한다. 베토벤은 이 화음을 나폴리화음으로 해석하여 G단조에 도착한다. 순차상행하는 4도

선이 이번에는 G-A-B-C와 A-B-C-D의 형태로 나타나다가 마침내 마디125에서 목표점인 딸림화음에 도착한다.

▶ **예5-24.** 베토벤, <피아노소나타 제16번>, Op. 31/1, 제3악장, 마디98-125

(3) 단락3

마디125-132에 걸치는 단락3은 재경과구(RT)로 작용한다(**예5-25**). 앞의 경과구의 일부
(마디24-25)를 변형하여 재사용하고 있는데, 음역을 달리하며 반복한다. 주제의 재현 전 딸림
화음을 연장하는 재경과구의 역할이 여기서 나타난다. 딸림화음을 연장하는 가운데, G단조 음
계의 하행선이 알토 성부에서 나타나는 변형된 주제 선율을 대위한다.

▶ **예5-25.** 베토벤, <피아노소나타 제16번>, Op. 31/1, 제3악장, 마디125-132

8) 주제(=A₃)

마디132-140에 걸친 주제의 세 번째 재현(A₃)은 옥타브로 중복된 선율과 반주로 취한 셋잇단음표로 인해 한층 더 역동적이다(**예5-26**). A₃과 A₁의 다른 점은 저음 딸림음 페달포인트와 함께 모든 성부가 호모포니 짜임새로 움직였던 A₁과 달리, A₃은 처음부터 끝까지 왼손이 페달음만 강조하고 있다는 사실이다. A₁이 연주된 다음 짧은 연결구를 거친 후 주제가 반복된 것과 같이, 베토벤은 A₃을 연주한 후 똑같은 연결구를 삽입하였고(마디140-148), 주제를 한 번 더 제시하고 있다(마디148-156).

▶ **예5-26.** 베토벤, <피아노소나타 제16번>, Op. 31/1, 제3악장, 마디132-140

9) 경과구(TR)

경과구는 마디156-178에 걸쳐 세 번째 에피소드(B₂)를 준비한다(**예5-27**). 소나타형식의 재현부에서 모든 주제는 원조로 유지되며 조성적 통일을 이루듯, 소나타론도형식에서의 마지막 세 부분 또한 원조에서 나타나는 것을 원칙으로 한다. A₁에서 B₁으로 연결되는 경과구는 전조를 포함하고 있는 반면, A₃에서 B₂로 넘어갈 때는 전조되지 않는다. 앞의 경과구(B₁) 내용이 재활용되어 통일성이 확보된다.

▶ **예5-27.** 베토벤, <피아노소나타 제16번>, Op. 31/1, 제3악장, 마디156-178

10) 에피소드3(=B₂)

에피소드3(B₂)은 마디178-188에 걸쳐 원조에서 등장한다(**예5-28**). 베토벤은 에피소드1
(B₁)을 그대로 반복하되, 딸림조가 아닌 원조로 제시한다. 이 부분의 주제 전개 방식은 B₁과 동
일하다.

▶ **예5-28.** 베토벤, <피아노소나타 제16번>, Op. 31/1, 제3악장, 마디178-188

11) 재경과구(RT)

두 번째 재경과구(마디188-224)는 원조에서 으뜸화음을 연장한다(**예5-29**). RT₁이 D장조
의 으뜸화음에서 시작해 7음인 C♮을 추가하며, G장조로의 복귀를 화성적으로 준비했다면, RT₂
는 그러한 전조의 의무로부터 자유롭다. 마디188의 으뜸화음에서 시작해 마디200에서 목표점
인 딸림화음에 도착한 후 그 딸림화음을 길게 연장한다.

▶ **예5-29.** 베토벤, <피아노소나타 제16번>, Op. 31/1, 제3악장, 마디188-224

12) 주제(=A₄)

주제의 마지막 재현(A₄)은 한결 자유롭고 입체적인 방식으로 이루어진다(**예5-30**). 베토벤의 해학과 재치가 드러나는 지점이 바로 마디224-248에서 이루어지는 주제의 네 번째 재현(A₄)이며, 그러한 해학적 성격은 이어지는 코다에서 극대화된다. 주제는 코달한 짜임새, 쉼표로 분절되어, 템포의 급격한 변화 속에서 그 모습을 드러낸다. 아다지오와 알레그레토 사이의 완급 조절을 통해 충분히 재치 있는 주제는 마디241에서 등장하는 트릴에서 절정에 도달한다. 저음부의 트릴 위로 등장하는 프레스토의 음형은 베토벤 특유의 해학이다. 주제의 머리 동기에서 따온 이중보조음 음형은 음역을 넘나들며 그리고 마침내 반복되면서 마침에 도달한다(마디248).

▶ **예5-30.** 베토벤, <피아노소나타 제16번>, Op. 31/1, 제3악장, 마디224-242

13) 코다

코다(마디248-275)는 긴 트릴의 종착점인 마디248에서 시작한다(**예5-31**). 베토벤은 코다를 해학적이면서 동시에 화려하게 끝내기 위해 마디243부터 템포를 빠르게 바꿨다(*Presto*). 코다는 으뜸화음-딸림화음 간의 잦은 교환 위에서 펼쳐지는 모방·대위적인 대화로 가득 차 있다. 코다의 소재는 주제의 머리 동기에 기인한 이중보조음 음형이다. 딸림화음과 으뜸화음을 향하는 짧막한 음형과 그 반복은 분명 악곡에 위트를 자아내지만, 이것이 여러 옥타브에 걸쳐 나타나고 또 확장되면서 화려한 소나타론도의 대미를 장식할 준비를 마친다. 궁극적으로 으뜸화음을 연장하는 코다는 강하고 두꺼운 코드로 장엄하게 마친다. 셈여림, 음역, 짜임새의 급격한 대조가 베토벤 특유의 해학을 코다에서 실현해준다.

▶ **예5-31.** 베토벤, <피아노소나타 제16번>, Op. 31/1, 제3악장, 마디243-275

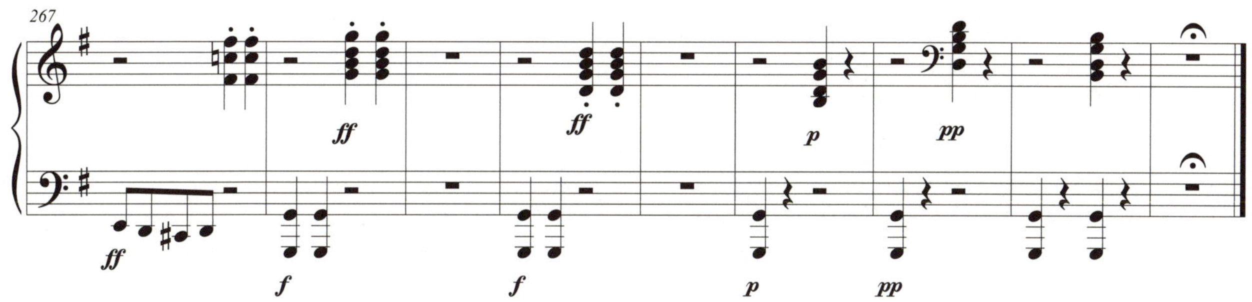

지금까지 논의된 베토벤의 소나타론도를 정리하면 다음과 같다.

▶ **표5-6.** 베토벤, <피아노소나타 제16번>, Op. 31/1, 제3악장 분석

부분	주제	경과구	에피소드1	재경과구	주제	경과구
	A₁	TR	B₁	RT	A₂	TR
마디	1–24	24–42	42–52	52–66	66–74	74–86
조성	G	G→D	D	D→G	G	G(g)
조성구조	I	I – V	V	V – I	I	I(i)

부분	에피소드2	재경과구	주제	경과구	에피소드3	재경과구
	C	RT	A₃	TR	B₂	RT
마디	86–125	125–132	132–156	156–178	178–188	188–224
조성	c-E♭-c-F-g	g	G	G	G	G
조성구조	xxxx	i	I	I	I	I

부분	주제	코다
	A₄	Coda
마디	224–248	248–275
조성	G	G
조성구조	I	I

론도의 시대별 변화

● 과거 학자들은 론도(rondo)의 유래를 르네상스시대 이전의 '롱도'(rondeau)에서 찾았으나, 18세기 마테존(Johann Matheson, 1681-1764)은 비록 용어는 '둥글다'는 뜻의 'rond' 혹은 'rund'에서 유래하였을지라도, 음악은 원무(圓舞; round dance)나 음주가인 룬다(Runda; '쭉 들이켜라'라는 군중의 후렴구가 따르는 노래)와 관련이 없음을 주장하였다. 이후 학자들은 론도에 영향을 준 두 가지를 주장하였는데, 하나는 륄리(Jean-Baptiste Lully, 1632-1687)의 발레와 오페라에서 발견되는 두 개의 쿠플레(couplet)를 갖는 '프랑스 론도'(French rondeau)이며, 다른 하나는 초기 이탈리아 오페라에서 발견되는 '이탈리아 론도'(Italian rondo)로, 합창이나 기악 리토르넬로의 후렴구(refrain)를 수반하며, 여러 개의 쿠플레를 갖는 구성(ABACAD…A)을 보인다.

17세기 프랑스의 론도는 상당한 인기를 누렸고 발레, 오페라, 기악, 합창, 건반음악, 바이올린소나타 등에 도입되었다. 샹보니에(Jacques Champion de Chambonnières, 1601-1672)는 건반악기를 위한 변주곡에 5~9개의 쿠플레를 삽입하며 규모를 확장했고, 쿠프랭(Francois Couperin, 1668-1733)은 하프시코드를 위한 오르드르(ordre)에서 쿠플레를 관계조로 전조하여 후렴구와의 대조를 꾀하였다. 라모(Jean-Philippe Rameau, 1683-1764)는 두 개의 쿠플레를 갖는 론도를 표준화시켰는데, 장조의 경우 후렴구는 원조, 첫 번째 쿠플레는 딸림조에서 등장하며, 단조의 경우 첫 번째 쿠플레는 관계 장조로, 두 번째 쿠플레는 단조성의 딸림조로 전조한다. 그 밖에도 라모는 이 둘을 혼합하거나 확장한 3부분의 구성(ABA CDC ABA)으로 구현하는 등의 다양한 시도를 하였다. 프랑스 작곡가들에 의해 발전된 론도 기법은 다른 지역의 작곡가들에게 영향을 주기 시작하였고, 빈 작곡가들에 의해 고전 시대의 론도로 발전하였다. 1770년대 독일어권에서는 아름다운 선율을 가진 론도가 크게 유행하였는데, 론도의 구성이 아니더라도 인기 있는 악장에 론도라는 용어가 붙기도 하였다. C.P.E.바흐는 초기 프랑스의 영향에서 벗어난 새로운 론도를 개발하였고, <A단조 론도>(H262)의 경우 으뜸화음에서 감7화음으로의 혁신적인 화성진행을 보인다. 그의 론도에서 후렴구는 재등장 시 변주되는 경우가 많고, 에피소드적인 부분들은 종종 주제적이지 않은 아르페지오 음형이나 동형진행을 가지며, 판타지의 즉흥적 요소, 박자의 변화, 다이내믹의 대조 등 과감한 시도를 통해 자유로운 악곡을 만든다.

고전 시대 작곡가들은 종종 론도의 후렴구 주제에 춤곡의 리듬이나 민속적이고 대중적인 선율을 빌렸고, 소나타, 판타지, 변주곡 등의 형식적 원칙을 접목하였다. 모차르트, 하이든, 베토벤은 현악4중주와 교향곡의 한 악장에 론도를 삽입하였고, 협주곡의 마지막 악장에 소나타-론도를 필수적으로 위치시켰다. 고전 시대에 형성된 론도와 소나타-론도의 형식을 바탕으로 19세기 슈베르트(Franz Schubert, 1797-1828)와 슈만(Robert Schumann, 1810-1856)은 조성적으로 복잡한 에피소드를 작곡하였고, 브람스(Johannes Brahms, 1833-1897)는 2박자 계열의 장조성을 갖는 론도와 소나타-론도를 피날레에 자주 포함했으며, 멘델스존과 차이콥스키 또한 협주곡의 피날레를 소나타-론도로 구성하였다. 19세기 말 론도는 보다 넓은 의미로 작용하였고, 리하르트 슈트라우스(Richard Strauss, 1864-1949)의 교향시와 말러(Gustave Mahler, 1860-1911)의 교향곡에 확장된 방식으로 자유롭게 등장하였다. 20세기 론도는 고전 시대의 전통을 고수한 작곡가들에 의해 계속 실행되었고, 프로코피에프(Sergei Prokofiev, 1891-1953)와 버르토크(Béla Bartók, 1881-1945)의 피아노소나타, 베르크(Alban Berg, 1885-1935)의 오페라와 관현악곡, 스트라빈스키(Igor Stravinsky, 1882-1971)의 협주곡, 힌데미트(Paul Hindemith, 1895-1963)의 관현악곡 등에서 론도를 찾아볼 수 있다.

용어

론도형식(rondo form): 주제 단락이 대조되는 단락을 사이에 두고 여러 번 반복되는 순환적 구성의 형식

리프레인(refrain): 론도의 주제는 작품에서 반복 등장하며 '후렴'(refrain)이라고도 부른다.

에피소드(episode): 론도형식에서 주제와 대조되는 단락을 의미한다.

경과구(transition): 론도형식에서 주제와 에피소드를 연결해주는 부분이다.

재경과구(retransition): 론도형식에서 에피소드에서 주제로 연결해주는 부분이다.

코다(coda): 론도형식에서 마지막 주제 뒤에 이어져 악곡 전체를 마감하는 단락이다.

5부분론도(five-part rondo): 주제가 세 번 나타나고, 주제 사이사이 두 개의 에피소드가 출현하는 구성의 형식

7부분론도(seven-part rondo): 주제가 네 번 나타나고, 주제 사이사이 세 개의 에피소드가 출현하는 구성의 형식이고, 마지막 에피소드는 새로운 소재가 등장하기보다는 첫번째 에피소드가 반복되는데 새조가 아니라 원조로 복귀되어 나타난다는 점이 특징이다.

소나타론도형식(sonata-rondo form): 소나타론도형식은 론도의 변형된 형식으로, 7부분 론도와 소나타형식의 발전부를 혼합한 형태이다.

실습 문제 5

1. 다음은 베토벤의 <바가텔, 제25번>, WoO 59, '엘리제를 위하여'이다. 아래의 질문에 답하시오.

1) 주제를 찾고 조성과 형식을 밝히시오.

2) 에피소드1(=B)은 어디이며 무슨 조에서 등장하는가?

3) 에피소드1의 마지막 부분, 화성진행의 특징은 무엇인가?

4) A_2의 마디 번호를 적고 A_1과 다른 점은 무엇인지 적으시오.

5) 에피소드2(=C)를 찾고, 화성 진행의 특징을 서술하시오.

6) 재경과구는 어디인가?

7) 이 악곡의 형식은 무엇인가?

모범답안

1) 주제는 마디1-22로 A단조 조성의 순환2부분형식이다.

2) 에피소드1은 마디23-37이며, F장조에서 나타난다.

3) F장조에서 시작된 에피소드1은 주제1의 원조인 A단조의 V6으로 종지한다. 에피소드1의 마지막 부분에서는 주제1의 첫 선율의 앞부분을 반복하여 자연스럽게 주제1이 도입될 수 있도록 경과적 역할을 한다.

4) 주제2는 마디38-59로 도돌이표의 반복 없이 등장한다.

5) 에피소드2는 마디60-76이고, 베이스에 A가 지속음으로 계속 등장한다.

6) 재경과구는 마디77-81이다.

7) 5부분 론도형식

2. 다음은 하이든의 <피아노소나타>, Hob. XVI : 37의 제3악장이다. 아래의 질문에 답하시오.

1) 주제를 찾고 조성과 형식을 밝히시오.

2) 에피소드1을 찾고, 조성과 형식을 밝히시오.

3) 에피소드2를 찾고, 조성과 형식을 밝히시오.

4) 재경과구는 어디에서 등장하는가?

5) 형식 표를 작성하고 형식을 밝히시오.

모범답안

1) 주제는 마디1-20으로 D장조 조성의 순환2부분형식이다.

2) 에피소드1(마디21-40)은 D단조에서 나타나며 순환2부분형식이다.

3) 에피소드2(마디61-80)는 G장조에서 나타나며 순환2부분형식이다.

4) 재경과구는 마디81-93이다.

5) 5부분 론도형식

마디	1	21	41	61	81	94
구분	주제	에피소드1	주제2	에피소드2	재경과구	주제3
조성	A	d	D	G	G→D	D

3. 다음은 모차르트의 <현악사중주 제4번>, K. 157, 제3악장이다. 아래의 질문에 답하시오.

1) 마디1–16의 악구 구조와 종지형을 밝히시오.

2) 마디21–32는 마디1–16과 조성적으로 어떻게 대조되는가?

3) 주제2는 어디에서 시작하며 무슨 조에서 등장하는가?

4) 에피소드2는 어디에서 시작하며 무슨 조에서 등장하는가?

5) 주제3은 어디인지 마디 번호를 쓰시오.

6) 에피소드3은 어디이며 무슨 조에서 등장하는가? 에피소드3은 에피소드1의 소재로 그대로 재현되는가 아니면 변형되는가?

7) 이 악곡의 코다는 어디이며, 이 코다의 역할은 무엇인가?

8) 형식표를 작성하고 형식을 밝히시오.

모범답안

1) 마디1–16은 반종지로 마치는 하나의 악구와 완전정격종지로 마치는 다른 하나의 악구가 결합되어 있으며 두 악구의 선율 디자인이 유사한 유사악절이다.

2) 마디21–32는 원조의 딸림조인 G장조에서 나타난다.

3) 주제2는 마디33–48에서 다시 나타나며, 원조인 C장조로 나타난다.

4) 에피소드2는 마디49에서 시작하며, C단조에서 나타난다.

5) 주제3이 나타나는 부분은 마디65–80이다.

6) 에피소드3은 마디81–100에서 C장조로 나타난다. 이 에피소드는 에피소드1의 여덟 마디가 음역을 변화시켜 한번 반복되고 마지막 네 마디가 확장되어 총 20마디로 변형되었다.

7) 이 악곡의 코다는 마디117–126이다. 이 코다는 으뜸화음을 연장하며 악곡 전체의 종결을 강화한다.

8) 7부분 론도형식

마디	1	17	21	33	49	65	81	101	117
구분	주제	경과구	에피소드1	주제	에피소드2	주제	에피소드3	주제	코다
조성	C		G	C	c	C	C	C	
조성구조	I		V	I	i	I	I	I	

4. 다음은 슈베르트의 <피아노소나타 제20번>, D. 959, 제4악장이다. 아래의 질문에 답하시오.

p
f
p
p
pp
p

58
cres.
61
p
pp
8
64
8
cres.
67
(8)
pp
70

73
cresc.
76
f
mf
80
cresc.
83
f
fz >
fz >
fz
87
fz
decresc.

109
cresc.
f
113
decresc.
p
pp
117
121
cresc.
decresc.
125

188
191
195
199
203
fp
decresc.
pp

231
236
240
243
cresc.
8
246
8
f

1) 주제를 찾고 그 유형을 밝히시오.

2) 주제가 반복되어 등장하는 곳이 어디인지 적으시오.

3) 에피소드1은 어디에서 시작하며 무슨 조에서 등장하는가?

4) 에피소드3은 어디에서 시작하며 에피소드1과 다른 점이 있는지 적으시오.

5) 에피소드2는 몇 개의 단락으로 구성되는지 적으시오.

6) 코다는 어디이며 어떤 특징이 있는지 적으시오.

7) 형식표를 작성하고 형식을 밝히시오.

모범답안

1) 주제는 마디1-33에서 나타난다. 슈베르트는 주제를 네 개의 단락으로 구성하여 첫 두 개의 단락이 한 번 더 반복되도록 설계하였다. 첫 번째 단락은 반종지로 끝나는 선행악구(마디1-4)와 완전정격종지로 마치는 후행악구(마디5-8)로 구성되었으며, 두 번째는 부딸림화음을 통해 전조의 효과를 유발한 선행악구(마디9-11)와 완전정격종지로 끝나는 후행악구(마디12-16)로 구성되었다.

2) 주제는 마디126-160, 마디221-250, 마디328-348에서 나타난다.

3) 에피소드1은 마디46에서 나타나며 주제의 딸림조인 E장조에서 연주된다.

4) 에피소드3은 마디258에서 시작된다. 에피소드1이 E장조에서 연주된 반면, 소나타론도형식에서 조성적 통일감을 주기 위해 에피소드3은 원조인 A장조에서 나타난다.

5) 에피소드2는 마디168-221이며 총 네 개의 단락으로 구성된다. 단락1(마디168)은 C♯단조에서 시작하며, 단락2는 C♯장조(마디200), 단락3은 F♯단조(마디202), 단락4는 F♯장조(마디212)로 전조한다. 모두 주제(마디1)를 활용하고 있다.

6) 코다는 마디349-382이다. 특징으로는 빠르기(Presto)에 변화가 있으며, 주제의 두 번째 단락 중 두 번째 악구인 4분음표 3개와 부점이 다양한 조(A장조-D장조-B 장조-F장조-A 장조-C단조-A장조)에서 나타나고 있다. 그리고 으뜸화음의 연장(마디368부터)으로 끝난다.

7) 소나타론도형식

마디	1	46	126	168	221	258	328	349
구분	주제	에피소드1	주제	에피소드2	주제	에피소드3	주제	코다
조성	A	E	A	xxxx	A	A	A	A
조성구조	I	V	I	xxxx	I	I	I	I

[분석 악곡 5]

1) 5부분 론도형식

   (1) 모차르트, <피아노소나타 제16번>, K. 545, 제3악장

   (2) 베토벤, <피아노소나타 제2번>, Op. 2/2, 제2악장

   (3) 베토벤, <피아노소나타 제8번>, Op. 13, 제2악장

2) 7부분 론도형식

   (1) 모차르트, <피아노소나타 제17번>, K. 570, 제2악장

   (2) 베토벤, <피아노소나타 제2번>, Op. 2/2, 제4악장

   (3) 베토벤, <피아노소나타 제8번>, Op. 13, 제3악장

   (4) 베토벤, <바이올린소나타 제4번>, Op. 23, 제3악장

3) 소나타론도형식

   (1) 하이든, <교향곡 85번>, '프랑스 여왕' 제4악장

   (2) 모차르트, <피아노소나타 제13번>, K. 333, 제3악장

   (3) 모차르트, <피아노협주곡 제23번>, K. 488, 제3악장

   (4) 베토벤, <피아노소나타 제8번>, Op. 13, 제3악장

   (5) 베토벤, <교향곡 4번>, Op. 60, 제2악장

   (6) 슈베르트, <현악4중주 제14번>, '죽음과 소녀' D. 810, 제4악장

   (7) 브람스, <바이올린소나타 제3번>, Op. 18, 제4악장

전형적인 론도형식 외에 변형된 론도형식의 사례도 찾아볼 수 있다. 주제 사이 에피소드가 두 개 이상 삽입되거나 주제보다 에피소드1의 반복이 더 많이 나오는 경우, 주제 반복 시 주제 동기가 생략되어 등장하는 경우 등 여러 형태로 변형된 론도를 아래의 예제들을 통해 확인할 수 있다.

ABACADAEA : 바흐, <파르티타 제3번>(*Partita No. 3*) 중 '가보트'(Gavotte)

ABCBABCoda : 모차르트, <피아노소나타 제11번>, K. 331, 제3악장

ABCADA : 하이든, <G장조 트리오>, Hob. XV: 25, 제3악장

ABACABCA : 베토벤, <바이올린소나타 제4번>, Op. 23, 제3악장

ABACADABA'C'Coda : 슈베르트, <피아노소나타>, Op. 42, 제4악장

ABCADADACA : 슈만, <노벨레텐>(*Novelletten*), Op. 21, 제7번

요약

❖ 론도형식은 주제가 반복 등장하고 그 사이 대조되는 에피소드가 삽입된 구조이다.

❖ 주제는 원조에서만 나타나고 에피소드는 주제와 선율적, 조성적으로 대조된다.

❖ 주제와 에피소드 사이, 원조에서 새조 영역으로 연결해주는 단락을 경과구라 하며, 에피소드에서 주제로 연결해주는 단락을 재경과구라 한다.

❖ 5부분론도에서는 주제가 세 번 나타나고, 주제 사이사이 두 개의 에피소드가 출현한다.

❖ 7부분론도에서는 주제가 네 번 나타나고, 주제 사이사이 세 개의 에피소드가 출현한다.

❖ 7부분론도에서 주제는 원조에서만 나타나고 에피소드는 원조와 다른 조에서 나타나 조성적 대조를 이룬다. 그러나 마지막 에피소드는 원조로 나타나 론도의 뒷부분에서는 조성적 안정감을 준다.

❖ 7부분론도에서 주제를 에피소드와 연결하는 경과구가 더해지기도 하고, 에피소드에서 원조의 주제로 돌아오는 역할을 해주는 재경과구가 등장하기도 한다. 또한 주제의 마지막 제시 후에 코다가 붙기도 한다.

❖ 소나타론도에서는 주제가 네 번 나타나고, 주제 사이사이 세 개의 에피소드가 출현한다.

❖ 소나타론도에서 가운데 부분이 발전부에 해당하여 여러 번의 전조와 앞의 주제를 발전 및 변형시킨다.

❖ 소나타론도형식에서 주제1–에피소드1은 딸림조로 전조하지만, 주제3–에피소드3은 원조로 등장해 조성적 통일성을 확보한다.

Ⅵ. 협주곡 형식

concerto form

❖ 바로크 시대에 등장한 협주곡 장르의 역사적 변천을 설명할 수 있다.
❖ 바로크 시대 협주곡의 바탕이 된 '리토르넬로 형식'을 이해하고, 작품을 분석할 수 있다.
❖ 고전 시대 협주곡 1악장의 바탕이 된 '협주곡 소나타형식'을 이해하고, 작품을 분석할 수 있다.
❖ 낭만 시대 협주곡의 다양한 경향에 대해 설명할 수 있다.

대조적인 힘들이 조화를 이루는 바로크 시대의 이상인 '콘체르타토 양식'(stile concertato)은 서로 다른 규모의 악기군을 두어 음량의 대비를 꾀하는 '협주곡' 장르를 탄생시켰다. 새로운 아이디어의 '독주부'(solo)와 반복되는 아이디어의 '합주부'(tutti)가 번갈아 등장하는 리토르넬로 형식을 바탕으로 한 바로크 시대의 독주 협주곡은 고전 시대에 이르러 소나타형식을 병합하였고, '협주곡 소나타형식'(concerto-sonata form)으로 점차 정형화되었다. 낭만 시대 비르투오소 작곡가들의 활약과 함께 협주곡은 연주자 개인의 역량을 드러낼 수 있도록 작곡되었고, 형식적 자유로움이 추구되었다. 시대별로 상이한 형식을 바탕으로 작곡된 협주곡 장르의 특수성으로 인해 본 장은 바로크 시대, 고전 시대, 낭만 시대의 세 부분으로 나누어 내용을 전개하였다.

리토르넬로 형식(ritornello form)의 역사

● '돌아오다'(ritorno; return)의 어원을 갖는 '리토르넬로'(ritornello)는 14세기 이탈리아의 세속노래인 마드리갈(madrigal)의 마지막 2행 후렴구를 일컫는 용어로 처음 사용되었고, 1600년경 기악 반주가 있는 모노디(monody)의 등장과 함께 성악곡에서 악기로 된 전주, 간주, 혹은 후주를 뜻하는 것으로 의미가 전환되었다. 프레토리우스(Michael Praetorius, 1571-1621)는 『음악대전』(Syntagma musicum, 1618) 제3권에서 전체 앙상블로 연주되는 후렴구를 '리토르넬로'로 정의하며 극음악과 교회음악에서 사용된 예를 제시하였는데, 독주 악기와 전체 악기군의 대비는 륄리(Jean-Baptiste Lully, 1632-1687)의 오페라에서 그 모습을 찾아볼 수 있다. 토렐리(Giuseppe Torelli, 1658-1709)는 바이올린협주곡에서 안정적인 해결의 느낌을 주는 리토르넬로와 관계조에서 새로운 재료를 사용하여 연주자의 기교를 보여주는 긴 독주 패시지를 번갈아 등장시켰고, 이는 비발디(Antonio Vivaldi, 1678-1741)에 의해 '리토르넬로 형식'으로 확립되었다.

1. 바로크 협주곡

1) 일반적 특징

비발디에 의해 표준화된 리토르넬로 형식은 하나의 고정된 틀이라기보다는 악곡을 구성하는 '방식'에 가까운 것으로, 아래와 같은 몇 가지 기본 원리를 갖는다.

① 시작 리토르넬로를 구성하는 작은 아이디어들은 이후의 리토르넬로에서 반복, 변형, 단편화 되어 등장한다.

② 처음과 마지막 리토르넬로는 으뜸조에서 나타나며, 중간 리토르넬로는 관계조에서 나온다.

③ 독주자가 연주하는 에피소드(episode)는 리토르넬로의 요소를 차용하거나 빠른 음계 음형 및 아르페지오 등 독주자의 개성과 기교를 드러낼 수 있도록 작곡되며, 자주 새로운 조로 이동한다.

바로크 협주곡의 분석에서 가장 혼동이 되는 것은 리토르넬로를 구성하는 음악적 소재들이 간략하게 재현되었을 때 이를 리토르넬로 단락으로 볼지, 아니면 독주 단락에 삽입된 짧은 패시지로 볼지의 문제이다. 협주곡의 분석에 어떠한 기준을 적용할지의 판단에는 작품이 작곡된 시기에 대한 충분한 지식이 요구된다.

2) 분석1: 비발디 <바이올린협주곡 A단조> Op. 3/6, 제1악장

비발디의 <바이올린협주곡 A단조>(*Concerto for Violin and Orchestra in A minor No. 6, Op. 3*)는 리토르넬로 형식의 사용을 보여주는 전형적인 예로, 악보 위 'solo'와 'tutti'의 표기에 따르면 6개의 리토르넬로가 5개의 독주부를 감싸는 구성으로 되어있다. **표6-1**의 분석A는 짧은 합주를 모두 리토르넬로로 인식한 반면, 분석B의 경우 독립적인 형식 단락으로서의 중요성을 고려하여 2-4 마디의 짧은 합주들을 독주부에 편입시켰다. 이어지는 각 단락에 대한 설명은 분석B의 형식 구분을 바탕으로 한다.

▶ **표6-1.** 비발디, <바이올린협주곡 A단조>, Op. 3/6, 제1악장의 리토르넬로 형식

마디	1	13	21	24	35	45	58	60	68	71	75–80
분석A	R_1	S_1	R_2	S_2	R_3	S_3	R_4	S_4	R_5	S_5	R_6
분석B	R_1		S_1		R_2	S_2			R_3		
조성	a		e		e	a			a		

(1) 시작 리토르넬로 (Ritornello 1)

비발디 협주곡 제1악장을 시작하는 시작 리토르넬로(Ritornello 1, 이하 R_1)는 **예6-1**에 표기된 바와 같이 주제적 특징에 따라 시작하는 동기인 a, 마디3-7에서 동형진행을 통해 연장되는 b, 마디7-9의 아르페지오 음형인 c, 그리고 c의 변형인 c'로 구분할 수 있다. 이러한 아이디어들은 이후 단락들에서 부분적으로 재현되고 변형되며, 새로운 방식으로 결합하기도 한다.

(2) 첫 에피소드(Solo 1)

마디13부터 시작하는 바이올린 독주에 의한 첫 에피소드(Solo 1, 이하 S_1)는 R_1과 같이 a의 아이디어로 시작한 후 변화되고 D단조로 전조되어 마디18의 첫 박에서 완전정격종지한다. 마디15의 세 번째 박에서부터 시작된 네 마디 악구는 동형진행을 통해 반복됨으로써 C장조로의 또 다른 전조를 성취하며 마디21에서 종지한다. 이후 마디21-23의 짧은 합주는 a의 변형된 아이디어를 등장시키는데, 이는 첫 번째 에피소드에 삽입된 것으로 분석한다. 마디24-27의 바이올린 독주는 서로 다른 현을 넘나드는 16분음표의 기교적인 패시지를 연주한다.

(3) 두 번째 리토르넬로(R_2)

마디35-44의 리토르넬로는 원조의 딸림조인 E단조에서 진행된다. R_1과 마찬가지로 a와 b의 아이디어로 시작하나, c의 아이디어는 생략되었고, 마디42-44는 a가 변형된 형태로 등장하며 단락을 마무리한다.

(4) 두 번째 에피소드(S_2)

독주 바이올린은 이전 리토르넬로에 없던 새로운 아이디어들을 역동적으로 연주한다. 앞선 단락에 이어 E단조에서 시작하며, 잦은 동형진행을 통해 원조인 A단조로 전조한다.

(5) 최종 리토르넬로(R_3)

a의 아이디어를 가진 마디58-59의 합주를 지나 마디60-68의 바이올린 선율은 16분음표의 빠른 패시지로 된 새로운 아이디어를 등장시킨다. 마디69-71의 합주는 c'의 아이디어를 보이며, 마디71-74의 바이올린은 b를 변형한 선율을 연주한다. 마지막 합주인 마디75-80은 R_1의 종지와 동일한 c와 c'로 이루어져 있다.

▶ **예6-1.** 비발디, <바이올린협주곡 A단조>, Op. 3/6, 제1악장

c'
S₁
Solo
a
10

14
a'
d: V   i (PAC)

a'
Tutti
19
C: V   I (PAC)   a:

[새 동기]
Solo
24
d: V⁷   i

R2
Tutti
a
e:

37
b
a"
S2
[새 동기]
Solo
42

56
R3
a
Tutti
a:

[새동기]
60

c'
Tutti
b'
Solo

72
c
Tutti

76
c'

3) 분석2: C. P. E. 바흐 <플루트협주곡 D단조> Wq. 22, 제1악장

칼 필립 엠마누엘 바흐의 <플루트협주곡 D단조>(*Concerto in D minor*, Wq. 22) 제1악장은
예6-2와 같이 첫 리토르넬로(R_1)의 주제가 첫 번째 에피소드(S_1)에서 모방되었고, 이와 동일한
주제가 두 번째 리토르넬로(R_2)에서 관계장조인 F장조에서 다시 등장한다.

▶ **예6-2.** C. P. E. 바흐, <플루트협주곡 D단조>, Wq. 22, 제1악장

a) 마디1-10, 시작 리토르넬로(R_1)의 시작부분

b) 마디48-55, 첫 에피소드(S₁)의 플루트 선율

c) 마디86-90, 두 번째 리토르넬로(R₂)의 시작부분

표6-2는 제1악장 전체의 형식구조를 나타낸 것이다. R₁, S₁, R₂는 모두 동일한 주제선율인 x로 시작된 반면, 마디121에서 시작하는 S₂는 앞선 주제들과 다른 형태로 등장한다(**예6-3**). 새로운 주제인 y는 이후 S₃에서 A단조로 재등장하며, S₄에서 D단조 위로 반복된다. 결국 S₂ 이후의 독주부와 합주부는 음량의 대비뿐 아니라 주제적인 대조를 성취한다.

▶ **표6-2.** C. P. E. 바흐, <플루트협주곡 D단조>, Wq. 22, 제1악장의 형식 구조

마디	1	48	86	121	194	225	230	234	275	282	312–343
분석	R_1	S_1	R_2	S_2	R_3	S_3	R_4	S_4	R_5	S_5	R_6
주제	x	x	x	y	x	y	x	y	x	카덴차	x
조성	d	d–F	F	F–a	a	a	d	d	d	d	d
거시적 조성진행	d: i			III		v			i		

예6-3의 b)와 같이 S_5는 트릴과 동형진행을 통해 여러 조성을 넘나들며 카덴차로 기능하므로, R_5, S_5, R_6의 세 단락을 하나의 거대한 리토르넬로로 분석하는 것 또한 고려할 수 있다.

▶ **예6-3.** C. P. E. 바흐, <플루트협주곡 D단조>, Wq. 22, 제1악장

a) 마디121–126, 두 번째 에피소드(S_2)의 플루트 선율

b) 마디282–312, 두 번째 에피소드(S_2)의 플루트 선율

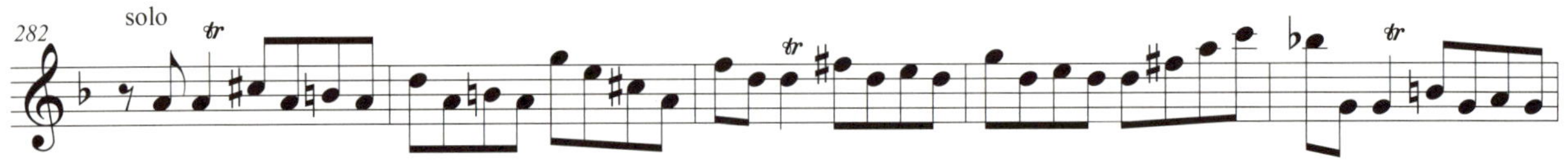

흔히 비발디와 J. S. 바흐의 작품으로 대표되는 바로크 시대의 협주곡은 리토르넬로 형식을 근간으로 하였고, 이후 바흐의 아들들은 협주곡에 점차 소나타형식을 도입하였다. C. P. E. 바흐의 <플루트협주곡 D단조>, Wq. 22, 제1악장은 단조성(D단조)으로 시작한 악곡이 관계장조(F장조)를 거쳐 원조(D단조)로 복귀된다는 점에서 소나타형식의 조성계획과 유사성을 보이며, 바로크 협주곡에서 고전 협주곡으로의 과도기적 모습을 보여준다.

2. 고전 협주곡

1) 일반적 특징

리토르넬로 형식을 기반으로 한 바로크 시대의 독주 협주곡은 고전 시대의 소나타형식을 융합하여 '협주곡 소나타형식'으로 발전하였고, 협주곡의 1악장에서 주로 사용되어 '협주곡 1악장 형식'(concerto first-movement form)으로 불리기도 한다. **표6-3**은 모차르트 작품에 주로 등장하는 고전 시대 협주곡의 보편적인 형식 계획으로, 리토르넬로와 솔로로 연주되는 두 개의 제시부를 갖는다는 점에서 소나타형식과 차별화된다. 고전 시대의 협주곡은 바로크 협주곡의 분석과는 달리 짧게 등장하는 리토르넬로와 에피소드를 모두 구분하지 않는데, 이는 소나타형식을 기준으로 구조적으로 중요한 음악적 사건들에 집중하기 때문이다. 본격적인 악곡의 분석에 앞서 표6-3을 통해 소나타형식의 세 개의 형식 구분인 제시부, 발전부, 재현부가 리토르넬로 형식과 어떻게 맞물려 있는지를 꼼꼼히 확인해보자.

▶ **표6-3.** 고전 협주곡의 표준 형식 구조

<table>
<tr>
<td></td>
<td>관현악 제시부(R)</td>
<td colspan="4">독주 제시부(S_1)</td>
<td>중간 튜티(R_2)</td>
<td colspan="2">발전부(S_2)</td>
<td colspan="4">재현부(R_3+S_3)</td>
<td>종결 튜티(R_4)</td>
</tr>
<tr>
<td>세부 형식</td>
<td></td>
<td>제1주제</td>
<td>경과구</td>
<td>제2주제</td>
<td>종결주제</td>
<td></td>
<td></td>
<td>재경과구</td>
<td>제1주제</td>
<td>경과구</td>
<td>제2주제</td>
<td>종결주제</td>
<td>카덴차 포함</td>
</tr>
<tr>
<td>조성</td>
<td colspan="2">원조</td>
<td>전조</td>
<td colspan="2">딸림조(장조의 경우) 관계장조(단조의 경우)</td>
<td></td>
<td>다양한 조성</td>
<td>원조의 딸림화음</td>
<td colspan="5">원조</td>
</tr>
</table>

(1) 관현악 제시부(R_1)와 독주 제시부(S_1)

시작 리토르넬로(R_1)의 주제는 종종 뒤따르는 첫 독주부(S_1)에서 다시 등장하는데, 본 교재는 이들을 각각 '관현악 제시부'와 '독주 제시부'의 용어를 사용하여 설명한다. 관현악 제시부가 으뜸조에서 진행되는 것과 달리, 독주 제시부에서는 소나타형식과 같이 장조성의 경우 제2주제에서 딸림조, 단조성일 경우 관계장조로의 전조가 일어난다.

(2) 중간튜티(R_2)

두 개의 제시부 이후 등장하여 새로운 조성을 확고하게 해주며, 제시부를 마무리하는 역할을 한다.

(3) 발전부(S_2)

소나타형식과 마찬가지로 잦은 전조로 인해 조성적으로 불안정하며, 제시부의 단편적 주제가 새로운 주제와 함께 나타난다. 끝부분에 원조의 딸림화음이 연장되는 재경과구를 갖기도 한다.

(4) 재현부(R₃+S₃)

원조와 시작 주제의 이중 복귀가 이루어지며, 짧은 합주부(R₃)와 독주부(S₃)로 구성된다.

(5) 종결튜티(R₄)

종종 종지적 $\frac{6}{4}$화음 위에서 등장하는 독주악기의 카덴차를 포함한다. 카덴차는 트릴을 동반한 딸림화음을 거쳐 으뜸화음으로 해결하며, 뒤따르는 관현악 합주를 지나 악장을 마무리한다. 끝부분이 R₁의 끝부분과 일치하는 경우가 많다.

이중 제시부(double exposition)에 대한 논쟁

● 협주곡에서 두 개의 제시부를 설명하는 '이중 제시부'의 개념은 프라우트(Ebenezer Prout, 1835-1909)의 교재 성격의 저서 『응용 형식』(*Applied Forms*, 1895)에서 처음 사용된 이래로 많은 이론가들이 고전 시대 협주곡의 필수적 요건으로 설명해왔다. 그러나 이러한 개념은 고전 협주곡이 바로크 협주곡에서 유래하였다는 역사성을 배제한 채 협주곡 형식을 소나타형식의 변형으로 오인하게 하는 문제점이 있다. 따라서 몇몇 학자들은 '관현악 제시부'의 용어를 지양하고, '시작 리토르넬로'(opening ritornello)의 용어를 사용할 것을 주장하기도 한다.

---

2) 분석1: 모차르트 <피아노협주곡 23번 A장조> K. 488, 제1악장

표6-4는 모차르트 <피아노협주곡 23번 A장조>(*Piano Concerto No. 23*, K. 488) 제1악장의 구성을 보여준다. 이 작품은 첫 리토르넬로인 관현악 제시부의 형식절차인 제1주제-경과구-제2주제-종결주제가 독주 제시부(S₁) 및 재현부(R₃+S₃)에서 동일하게 나타남에 따라 고전 협주곡의 표준 형식구조를 따르고 있다.

▶ **표6-4.** 모차르트, <피아노협주곡 23번 A장조> K. 488, 제1악장의 형식 구분

세부 형식	관현악 제시부 (R₁)				독주 제시부 (S₁)				중간 튜티 (R₂)	발전부(S₂)		재현부(R₃+S₃)				종결 튜티 (R₄)
세부 형식	제1주제	경과구	제2주제	종결주제	제1주제	경과구	제2주제	종결주제			재경과구	제1주제	경과구	제2주제	종결주제	카덴차 포함
마디	1	18	31	46	67	82	99	114	137	156	178	198	213	229	244	284–313
조성	A							E	다양한 조성		V/A	A				

(1) 관현악 제시부(R₁)와 독주 제시부(S₁)

관현악 제시부는 A장조에서 제1주제, 경과구, 제2주제를 포함하며, 종결주제 이후 짧은 코데타(마디62-66)를 통해 마무리된다. 마디67에서 시작하는 독주 제시부는 경과구에서 딸림조인 E장조로의 전조를 수반함으로써 제2주제를 새로운 조성 위에서 등장시킨다. 이후 종결주제는 2̂에서 트릴과 함께 완전정격종지한다.

(2) 중간튜티(R₂)

이 악곡에서의 중간튜티는 마디137-148의 합주부와 마디149-156의 독주부로 이루어진다. 앞서 등장했던 제시부의 요소들을 반복하며 E장조를 확고히 하는 역할을 한다.

(3) 발전부(S₂)

E단조, C장조, D단조, A단조로의 잦은 전조를 거치며 조성적인 불안정을 초래한다. 마디178 이후 원조인 A장조의 딸림화음이 길게 연장되어 소나타형식의 재경과부로 기능한다.

(4) 재현부(R₃+S₃)

제시부의 제1주제, 경과구, 제2주제가 원조인 A장조 위에서 재현된다. 마디245에서 시작된 종결주제는 발전부의 아이디어(마디143-148)가 마디261-266에 재등장함으로써 확장되었다.

(5) 종결튜티(R₄)

모든 소재가 원조에서 펼쳐지며, 종지적 6̊4̊화음 위에서 카덴차가 삽입된다. 이후 종지적 움직임을 통해 곡이 마무리된다.

▶ **예6-4.** 모차르트, <피아노협주곡 23번 A장조>, K. 488, 제1악장(피아노 리덕션)

경과구
V I (PAC)
제2주제
V — (HC)

종결주제
V I (PAC)
p
mf
cresc.
코데타
f
p
V7 I (PAC)
[독주제시부]
제1주제
Solo.
f
mf semplice
(PAC)
delicatamente

경과구
Tutti.
f
V — I (PAC)
Solo.
legato
E:
cresc.
f
V

제2주제
E: I
Tutti.
Solo.
Solo.
종결주제
legato
I (PAC)
(HC)

중간튜티
Tutti.
ff
I (PAC)
p
Solo.
tr
mf
[발전부]
Tutti.
Solo.
p
f
V
I (PAC)
e:

Tutti.
Solo.
f
C:
Tutti.
Solo.
mf
a:
d:
f legato
a:
재경과구
Tutti.
V

179
Solo.
Tutti.
184
Solo.
p
188
f
3 3 3
3
193
3
6
f
dim.
[재현부]
제1주제
197
Tutti.
6
p
mf
A:I

Solo.
204
f ma dolce
경과구
Tutti.
210
mf
V — I (PAC)
214
Solo.
219
223
cresc.
V

제2주제
dolce
A: I
mf
종결주제
mf
f
V7 — I (PAC)

종결주제의 확장

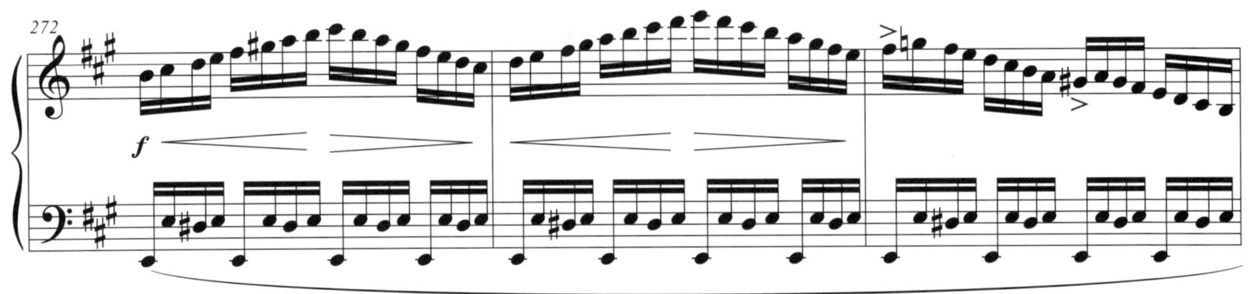

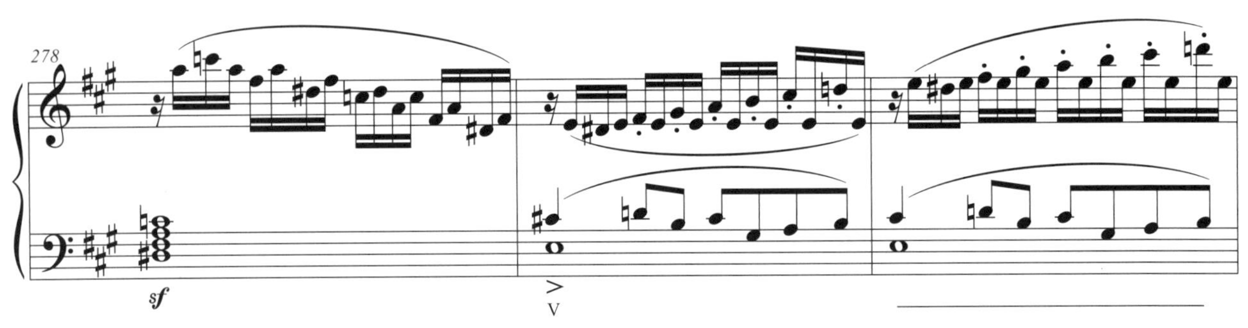

종결튜티
Tutti.
284
f
p
I (PAC)

291
f
Cadenza
f
I⁶₄ V₇ I
V

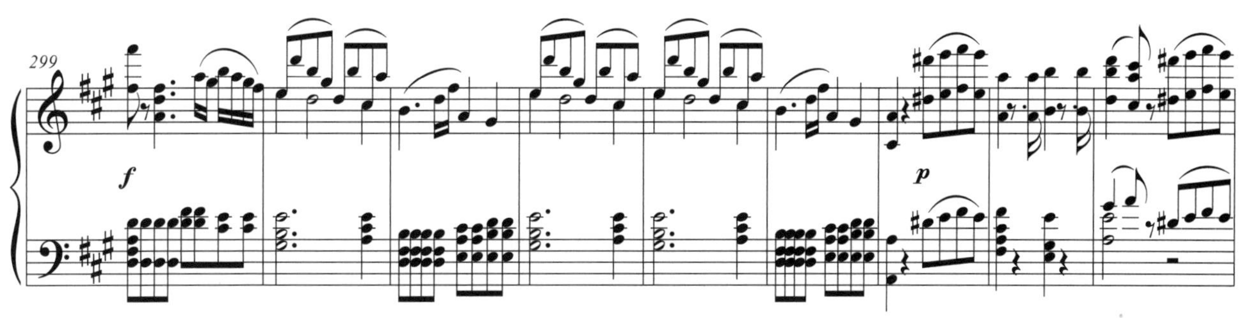
299
f
p

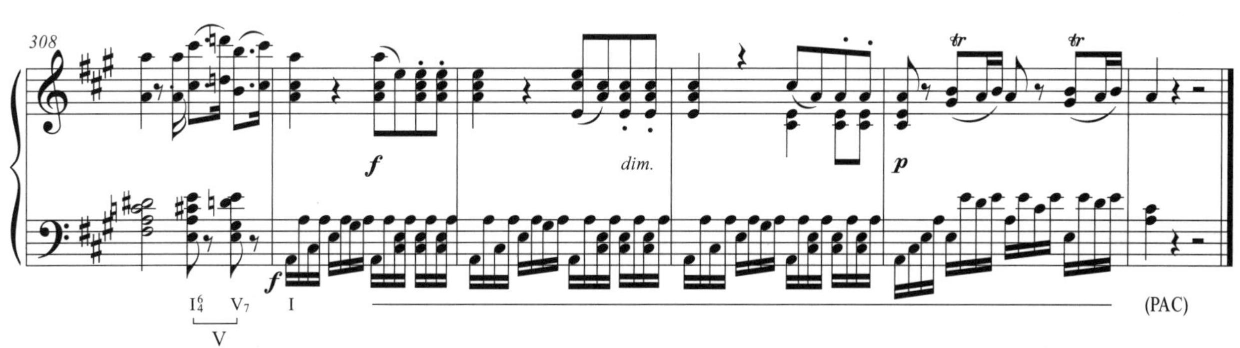
308
f
dim.
p
I⁶₄ V₇ I
V
(PAC)

3) 분석2: 모차르트 <피아노협주곡 24번 C단조>, K. 491, 제1악장

모차르트 <피아노협주곡 24번 C단조>(*Piano Concerto No. 24*, K. 491)의 제1악장은 앞서 보았던 K. 488과 같은 해에 작곡되었다. **예6-5**는 관현악 제시부(R₁)를 시작하는 합주부의 주제로, a로 표기된 아이디어는 버금가온화음의 펼침화음, b의 아이디어는 감7도의 넓은 도약, c의 아이디어는 순차 하행선율의 특징을 갖는다. 이들 세 개의 모티브는 변형된 형태로 악장의 곳곳에 등장한다.

▶ **예6-5.** 모차르트, <피아노협주곡 24번 C단조>, K. 491, 제1악장, 마디1-8 (피아노 리덕션)

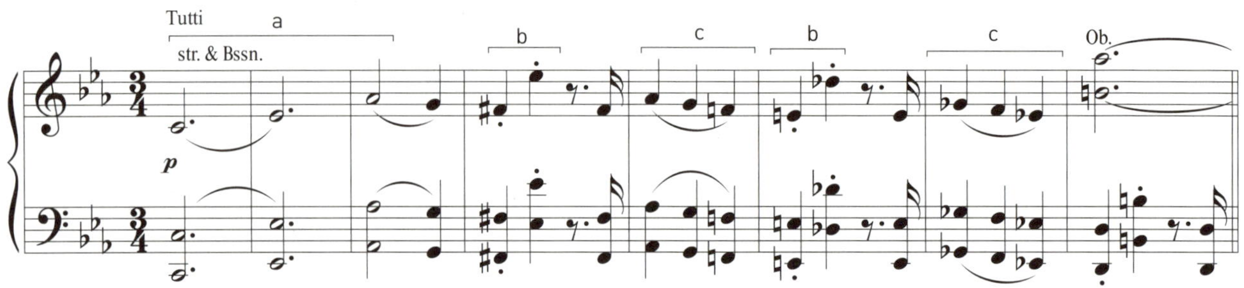

예6-6의 a)는 독주 제시부(S₁)의 시작으로, 예6-5에서 보았던 관현악 제시부의 시작과 다른 주제를 보인다. 독주 제시부는 제1주제, 경과구, 제2주제를 모두 갖는 전형적인 소나타형식의 제시부와 같이 디자인되어있으나, 관현악 제시부에서는 이들과 대응되는 주제들을 찾을 수 없다. 따라서 앞서 보았던 <피아노협주곡 23번 A장조>, K. 488과 달리 <피아노협주곡 24번 C단조>, K. 491의 경우 독주 제시부는 세부 형식 없이 **표6-5**와 같이 분석할 수 있다. 독주 제시부에서 시작 조성인 C단조는 예6-6의 b)와 같이 관계장조인 E♭장조의 딸림화음을 연장하는 경과구를 지나 제2주제를 등장시킨다.

▶ **예6-6.** 모차르트 <피아노협주곡 24번 C단조>, K. 491, 제1악장, 독주 제시부(S₁)

a) 마디100-107, 제1주제

b) 마디141-153, 제2주제

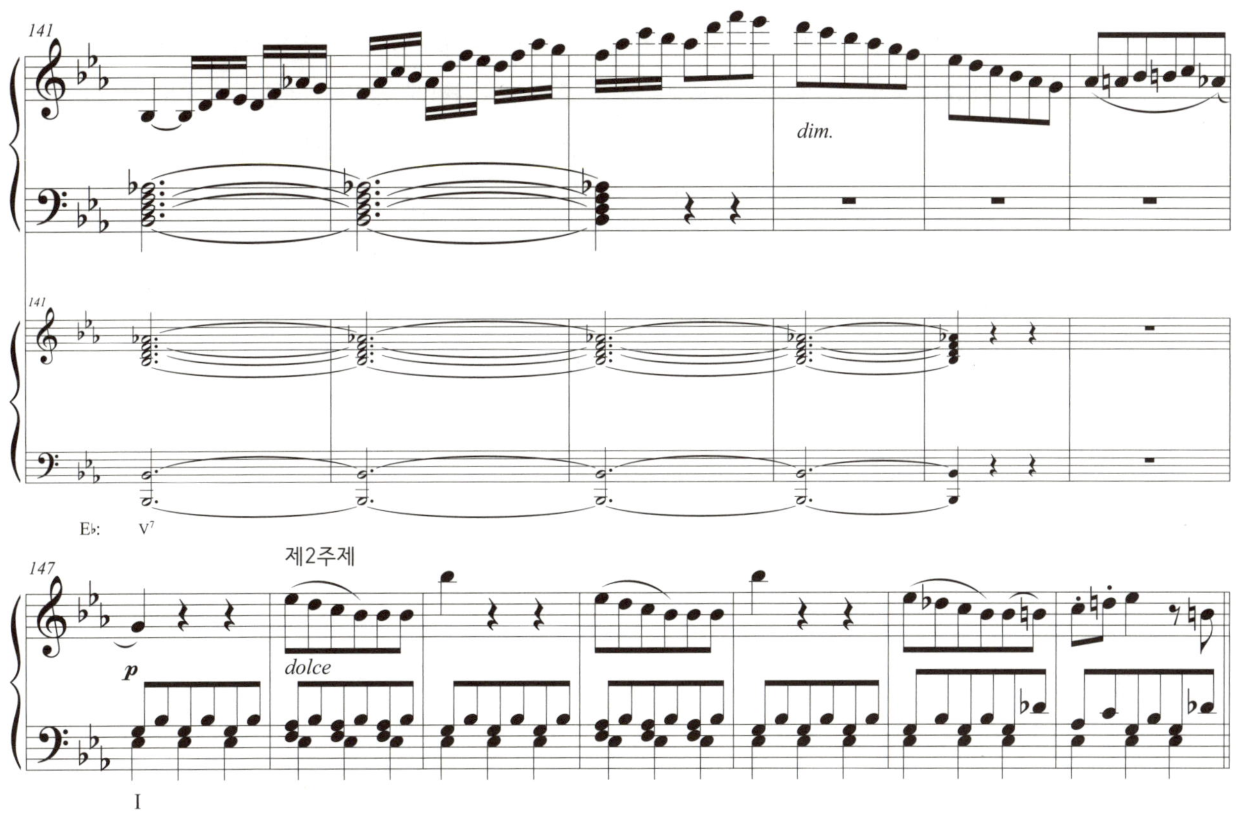

▶ **표6-5.** 모차르트, <피아노협주곡 C장조> K.491, 제1악장의 형식 구분

세부 형식	관현악 제시부 (R₁)	독주 제시부 (S₁)				중간 튜티 (R₂)	발전부(S₂)		재현부(R₃+S₃)			종결 튜티 (R₄)	
		제1주제	경과구	제2주제	종결주제			재경과구	제1주제 (R1)	제2주제	종결주제		코다
마디	1	100	135	147	220	265	283	355	362	391	428	473	509-523
조성	C		V/E♭		E♭		다양한 조성	V/c			C		

독주 제시부(S₁)의 종결주제에 이어 등장하는 중간튜티(R₂)는 독주 제시부의 종지를 연장
하며 전체 제시부의 코데타와 같은 역할을 한다. 이후 소나타형식의 발전부로 기능하는 S₂는 E♭
장조로 시작하여 F장조, G장조 등을 거쳐 C단조의 딸림화음을 연장하는 재경과구를 통해 원조
로의 복귀를 준비한다.

재현부를 시작하는 제1주제는 전형적인 소나타형식을 성취했던 독주 제시부의 제1주제 대신, R_1의 주제를 재등장시키며 원조로 복귀한다. 결과적으로 재현부에 해당되는 R_3과 S_3은 R_1과 S_1의 주제들을 합하여 재구성한 것을 알 수 있다. 재현부의 제1주제는 전조를 담당했던 경과구 없이 축소된 제2주제로 이동하며, 종결주제를 통해 마지막 리토르넬로(R_4)와 코다를 거쳐 악장을 마감한다.

모차르트가 같은 해에 작곡한 두 작품인 <피아노협주곡 23번 A장조>, K. 488과 <피아노협주곡 24번 C단조>, K. 491의 구조를 비교해 봄으로써(표6-4와 표6-5 비교) 우리는 협주곡 형식을 하나의 모델을 가지고 분석하는 것이 어렵다는 점을 확인하였다. 다양한 협주곡 작품들에 고정된 소나타형식의 분석 기준을 가지고 접근하는 것은 무리가 있으나, 소나타형식 분석의 절차를 적용해 봄으로써 우리는 18세기 중반에 크게 유행하기 시작한 소나타형식을 기존 장르에 흡수하였던 고전 시대 협주곡의 내용과 역사에 대해 배울 수 있다.

바로크 협주곡에서 고전 협주곡으로의 이행

● 1680~90년대 콘체르타토 방식은 이탈리아 오케스트라의 대형화와 함께 협주곡 장르를 탄생시켰는데, 중요한 유형으로는 소규모 앙상블(concertino: 보통 트리오 소나타를 연주하는 2대의 바이올린과 콘티누오를 담당하는 첼로와 건반악기로 구성)과 대규모 앙상블(concerto grosso, 혹은 ripieno: 꽉 찬)이 대조를 이루는 '합주협주곡'(concerto grosso)과, 하나의 악기가 대규모 앙상블과 대조를 이루는 '독주 협주곡'(solo concerto)이 있다. 볼로냐의 토렐리는 이탈리아 오페라 서곡(sinfonia)의 구조를 따라 빠르고-느리고-빠른 순서의 3악장으로 된 협주곡을 작곡하였고, 이러한 형태의 독주 협주곡은 베네치아의 알비노니(Tomaso Albinoni, 1671-1751)에 의해 계승된 후 비발디에 의해 표준화 되었다. 비발디는 자선기관인 피에타 여학교(Ospedale della Pietà)의 잦은 공연을 위해 빠른 악장에 리토르넬로 형식을 도입하였고, 짧은 시간에 많은 협주곡을 생산해 낼 수 있었다. 비발디의 바이올린협주곡은 J.S.바흐 작품의 모델이 되었고, 바흐의 아들들에 의해 계승되었다.

고전 시대 협주곡의 보편적인 형식 계획은 모차르트의 피아노협주곡에서 주로 찾아볼 수 있는데, 그의 피아노협주곡은 요한 크리스티안 바흐(Johann Christian Bach, 1735-1782, 이하 J.C.바흐)의 1763년 협주곡인 <6개의 건반 협주곡>(6 Keyboard Concertos, Op. 1)을 모델로 작곡된 것이다. 18세기 형식론을 집필한 코흐는 1793년의 저서 『작곡에 관한 입문서』에서 좋은 협주곡의 작곡가로 C.P.E.바흐를 언급했으나, 1802년의 『음악사전』(Musikalisches Lexicon)에서는 이를 모차르트로 바꾸었다. 코흐의 이러한 입장 변화는 당시 소나타형식을 흡수하여 정형화되기 시작한 협주곡의 시대적 선호를 반영한다.

3. 낭만 시대 협주곡

19세기 파가니니(Niccolò Paganini, 1782-1840), 리스트(Franz Liszt, 1811-1886)와 같은 비르투오소 작곡가들의 활약은 독주자가 중심이 되는 새로운 형태의 협주곡을 탄생시켰다. 눈에 띄는 기교적 과시에 몰두한 이들의 작품들과 달리 멘델스존(Felix Mendelssohn, 1809-1847)과 슈만(Robert Schumann, 1810-1856)의 독주 협주곡은 음악적 내용을 강조하였고, 오케스트라와 독주를 동등한 비중으로 다루었다. **표6-6**은 1838-1844년경 작곡된 멘델스존의 <바이올린협주곡 E단조>(*Violin Concerto in E minor*), Op. 64, 제1악장의 형식구조를 보여준다.

▶ **표6-6.** 멘델스존, <바이올린협주곡 E단조>, Op. 64, 제1악장의 형식구조

	제시부 (R_1+S_1)				발전부 (R_2+S_2)		재현부 (R_3+S_3)				코다
세부 형식	제1주제	경과구	제2주제	종결주제		카덴차	제1주제	경과구	제2주제	종결주제	
조성	e		G		다양한 조성	V/e	e		E		e

멘델스존의 협주곡은 빠르고-느리고-빠른 3악장을 쉼 없이 연주하도록 연결되어 있다. 제1악장은 관현악 제시부와 독주 제시부의 구분이 없이 합주와 독주가 긴밀히 연결되어 있으며, 제1주제는 독주자에 의해 시작된다(**예6-7**). 제2주제는 관계장조인 G장조로 전조하여 목관악기에 의해 먼저 제시된 후 이후 바이올린에서 모방되며, 재현부의 제2주제의 경우 원조와 같은 으뜸음조 관계인 E장조에서 등장하는 것이 특징이다. 카덴차는 재현부 앞에서 재경과부로 기능한다.

어둡고 무거운 낭만적인 정서를 드러내는 슈만의 <첼로협주곡 A단조>(*Cello Concerto in A minor*), Op. 126은 멘델스존 협주곡의 10년 뒤인 1850년에 작곡되었다. 예6-8은 제1악장의 첫 10마디를 보여주는 예이다. 빠르고-느리고-빠른 3개의 악장은 멘델스존의 작품과 마찬가지로 휴식 없이 연주되며, 독주와 합주의 두 악기군이 균형을 이룬다. 멘델스존과 슈만의 독주 협주곡은 바로크 시대로부터 내려오던 리토르넬로 형식을 기반으로 한 협주곡보다는 독주자가 중요한 역할을 하는 소나타형식의 변형에 가깝다. 이와 같이, 낭만 시대의 작곡가들은 전통을 계승하면서 새롭게 재해석하기 위한 통로로 협주곡 형식을 응용하였다.

▶ **예6-7.** 멘델스존, <바이올린협주곡 E단조>, 제1악장

a) 마디1-5, 제시부의 제1주제

b) 마디131-137, 제시부의 제2주제

c) 카덴차와 재현부의 시작

Tempo I.
tr tr tr tr tr
cresc.
p
f
tr tr tr tr tr tr tr tr tr
f
a tempo
p f
cresc.
ff
poco a poco
segue
di - mi - nu - en - do al
pp
재현부
pp

▶ **예6-8.** 슈만, <첼로협주곡 A단조> Op. 126, 제1악장, 마디 1–10

용어

관현악 제시부(orchestral exposition): 고전 시대 독주 협주곡의 시작 리토르넬로 부분으로, 제시된 음악적 내용이 이후 등장하는 독주 제시부에서 반복되는 것이 일반적이다. 소나타형식의 제시부와 비교하였을 때 제2주제에서 전조가 이루어지지 않는 것이 특징이며, 두 개의 분명한 주제를 포함하지 않는 경우도 있다.

독주 제시부(solo exposition): 고전 시대의 독주 협주곡에서 전체 악기로 연주되는 관현악 제시부 이후 독주자에 의해 반복되는 부분으로, 소나타형식과 같이 제1주제로 시작하여 두 번째 조성으로 전조하는 제2주제를 수반한다.

독주 협주곡(solo concerto): 하나의 독주악기와 대규모 앙상블이 대조를 이루는 협주곡 유형으로, 토렐리(Giuseppe Torelli, 1658–1709)의 바이올린협주곡을 시작으로 비발디(Antonio Vivaldi, 1678–1741)에 의해 중요한 장르로 확립되었다.

리토르넬로(ritornello): 바로크 시대의 성악곡에서 악기로 된 전주, 간주, 후주를 뜻하는 용어였으며, 협주곡의 경우 독주부(solo)와 대조적으로 등장하는 전체 합주부(tutti)에 의해 연주되는 부분을 일컫는다. 독주부에 의해 연주되는 에피소드(episode)가 새로운 아이디어를 자유롭게 구사하는 반면, 리토르넬로 부분은 몇 개의 기본적인 아이디어를 반복, 변형하여 재현하는 것이 특징이다.

리토르넬로 형식(ritornello form): 비발디에 의해 정형화된 형식으로, 독주(solo)로 연주되는 자유로운 에피소드(episode)와 합주(tutti)로 연주되는 반복적인 리토르넬로(ritornello)가 번갈아 등장한다. 처음과 마지막 리토르넬로는 원조에서 등장하며, 다른 리토르넬로는 전조되거나 단편화 되어 부분적으로 재현되는 것이 특징이다.

에피소드(episode): 협주곡에서 독주자(solo)에 의해 연주되는 부분으로, 리토르넬로와 번갈아 등장한다. 독주자의 기교를 드러낼 수 있는 화려한 음형들로 구성되는 것이 특징이다.

이중 제시부(double exposition): 모차르트의 피아노협주곡에서 전형화된 것으로, 독주 협주곡에서 관현악 제시부와 독주 제시부의 두 개의 제시부가 등장하는 경우를 말한다.

콘체르타토 양식(stile concertato): 대조적인 힘들이 조화를 이루며 등장하는 바로크 시대의 이상적인 양식으로, 서로 다른 악기군에 의한 음색의 대조, 악기군 규모의 대조를 통한 음량의 대비, 혹은 음악적 텍스쳐와 아이디어의 대조 등으로 실현되었다.

합주 협주곡(concerto grosso): 관현악단의 대형화와 함께 17세기 후반 로마에서 유행한 협주곡 유형으로, 대규모 앙상블(ripieno)과 소규모 앙상블(concertino)이 대조를 이룬다. 이때 소규모 앙상블은 보통 트리오 소나타(trio sonata)의 보편적 편성인 2대의 바이올린과 콘티누오를 담당하는 첼로, 건반악기로 구성되는 것이 특징이다.

협주곡 소나타형식(concerto–sonata form): 리토르넬로 형식으로 이루어진 바로크 시대의 독주 협주곡이 고전 시대의 소나타형식과 융합된 것으로, 협주곡의 1악장에서 주로 찾아볼 수 있다. 소나타형식과 같이 제시부, 발전부, 재현부의 형식구조를 가진다.

실습 문제 6

1. 다음은 비발디의 <첼로 협주곡 C장조>, RV. 115의 제3악장이다. 아래의 질문에 답하시오.

Tutti
f
f

66
solo
f
66
f
p
72
72
79
79
84
Tutti
f
f

90
90
97
solo
f
f
104
104
p
f
110
110
p
pp
p
p

141
141
sempre f
148
sempre f
148

1) 전조가 처음 일어나는 지점은 어디이며, 어떤 조로 움직이는가?

2) 새조는 원조와 어떠한 관계에 있는가?

3) 두 번째로 전조가 일어나는 지점은 어디이며, 어떤 조로 움직이는가?

4) 두 번째 에피소드(S_2)의 조성은 원조와 어떠한 관계에 있는가?

5) 시작 리토르넬로(R_1)가 변형 없이 재등장하는 곳은 어디인가?

6) 위의 질문들을 바탕으로 아래의 표를 채우시오.

	R_1	S_1	R_2	S_2	R_3	S_3	R_4
마디	1						
조성	C						

모범답안

1) 첫 번째 에피소드(S_1)의 끝부분인 마디45에서 첫 전조가 일어나며, G장조로 움직인다.

2) 새조는 원조와 딸림조의 관계를 갖는다.

3) 두 번째 리토르넬로(R_2)의 끝부분인 마디62에서 A단조로 움직인다.

4) 두 번째 에피소드(S_2)의 조성은 원조의 관계단조이다.

5) 최종 리토르넬로(R_4)인 마디122–155는 시작 리토르넬로(R_1)인 마디1–34를 변형 없이 재현한다.

6)

	R_1	S_1	R_2	S_2	R_3	S_3	R_4
마디	1	35	54	70	88	100	122–155
조성	C	C	G	a	C	C	C

2. 다음의 악보는 J. C. 바흐의 <하프시코드 혹은 피아노와 현악기를 위한 협주곡 E♭장조>, Op. 7/5, 제1악장의 피아노 리덕션이다. 아래의 질문에 답하시오.

f
tr
tr
tr
p
tr
f
tr
Solo
tr
tr
tr
tr
tr

54
59
Tutti
Solo
Tutti
Solo
63
67
Tutti
71
Solo

95
99
103
Tutti
f
tr
107
112
Solo
tr

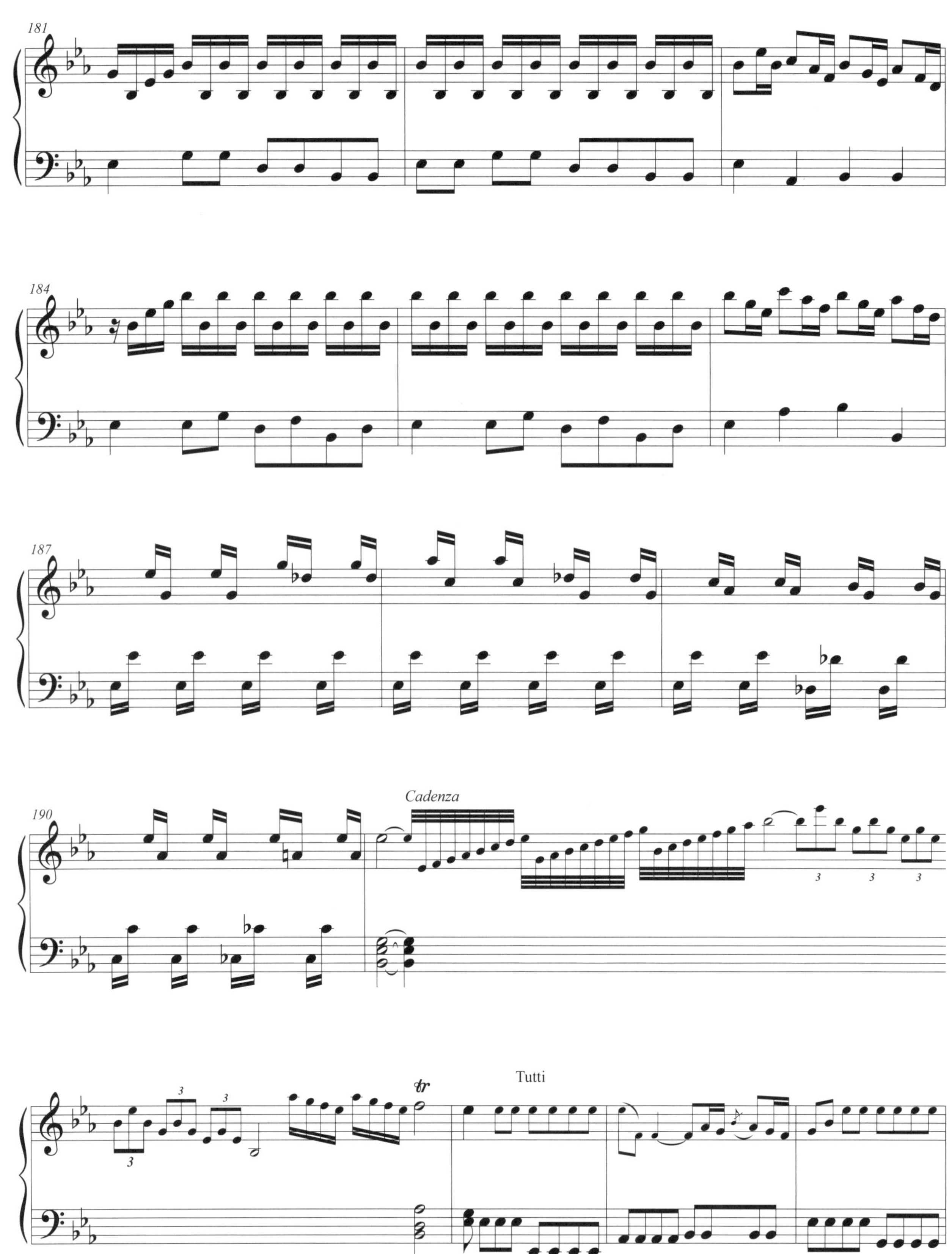

181
184
187
190
Cadenza
Tutti
tr
3
3
3
3
3
3

1) 마디1을 시작하는 주제가 다시 등장하는 곳은 어디이며, 어떻게 변형되어 나타나는가?

2) 두 번째 조성으로의 전조가 일어나는 곳은 어디이며, 새조는 원조와 어떠한 관계에 있는가?

3) 제시부에 해당하는 마디1–105의 조성과 형식구조를 파악하여 아래 표의 빈 곳을 채우시오.

세부형식	관현악 제시부(R$_1$)				독주 제시부(S$_1$)				중간튜티 (R$_2$)
	제1주제	경과구	제2주제	종결주제	제1주제	경과구	제2주제	종결주제	
마디	1	12	25	31				91	106
조성									

4) 재현부에 해당하는 마디146–190의 형식구조를 파악하여 아래 표의 마디번호를 채우시오.

세부형식	발전부(S$_2$)		재현부(R$_3$ +S$_3$)				종결튜티(R$_4$)	
		재경과구	제1주제	경과구	제2주제	종결주제	카덴차	
마디	115	144	146				191	192
조성	다양한 조성	V / E♭						

5) 마디191의 화성을 분석하시오.

모범답안

1) 마디1에서 시작된 합주(tutti)의 주제는 마디44에서 피아노 독주(solo)에 의해 재등장하며, 트릴 및 비화성음들로 장식되었다.

2) 전조는 마디69-70에서 B♭장조로 이루어지며, 이는 원조와 딸림조의 관계이다.

3)

세부형식	관현악 제시부(R_1)				독주 제시부(S_1)				발전부 (R_2)
	제1주제	경과구	제2주제	종결주제	제1주제	경과구	제2주제	종결주제	
마디	1	12	25	31	44	59	85	91	106
조성	E♭						B♭		

4)

세부형식	발전부(S_2)		재현부($R_3 + S_3$)				종결튜티(R_4)	
		재경과구	제1주제	경과구	제2주제	종결주제	카덴차	
마디	115	144	146	161	171	177	191	192
조성	다양한 조성	V / E♭	E♭					

5) $I_4^6 - V^7$

마디191은 카덴차에 해당하는 부분으로, I_4^6을 통해 구조적인 딸림화음을 연장하여 원조로의 복귀를 지연시킴으로써 청자를 연주자의 기교에 집중하도록 한다.

[분석 악곡 6]

1) 바로크 협주곡

   (1) J. S. 바흐, <바이올린협주곡 E장조>, BWV 1042, 제1악장

   (2) 마르첼로(Alessandro Marcello, 1669-1747), <오보에협주곡 D단조>, S.Z799, 제1악장

2) 고전 협주곡

   (1) 모차르트, <클라리넷협주곡 A장조>, K. 622, 제1악장

   (2) 하이든, <트럼펫협주곡 E♭장조>, H.VIIe:1, 제3악장

   (3) 베토벤, <피아노협주곡 3번, C단조>, Op. 37, 제1악장

3) 낭만 시대 협주곡

   (1) 브루흐(Max Bruch, 1838-1920), <바이올린협주곡 1번, G단조>, Op. 226, 제1악장

   (2) 차이코프스키(Pyotr Ilyich Tchaikovsky, 1840-1893), <피아노협주곡 1번, B♭단조>, Op. 23, 제1악장

   (3) 브람스, <바이올린협주곡 D장조>, Op. 77, 제1악장

   (4) 드보르자크(Antonín Dvořák, 1841-1904), <첼로협주곡 B단조>, Op. 104, 제1악장

요약

✧ 바로크시대의 협주곡은 반복되는 아이디어의 '합주부'와 새로운 아이디어의 '독주부'가 번갈아 등장하는 '리토르넬로 형식'을 바탕으로 한다.

✧ 고전시대의 협주곡 1악장은 소나타형식을 흡수하여 '협주곡 소나타형식'으로 정형화 되었고, '관현악 제시부'와 '독주 제시부'의 이중 제시부를 갖는다.

✧ 관현악 제시부는 소나타형식의 제시부와 마찬가지로 제1주제, 경과구, 제2주제, 종결주제를 포함하나, 전조가 이루어지지 않는 것이 특징이다.

✧ 두번째 조성으로의 전조는 독주 제시부의 제2주제에서 이루어지며, 이후 등장하는 중간튜티는 새로운 조성을 확고히 한다.

✧ 발전부에는 다양한 조성이 등장하며, 재경과구를 거쳐 재현부에서 원조성이 복귀된다.

✧ 마지막에 등장하는 종결튜티에는 으뜸화음의 2전위 위에서 카덴차가 펼쳐진다.

✧ 낭만시대의 협주곡은 관현악 제시부와 독주 제시부와 같은 형식구분이 모호하며, 비르투오소 작곡가들의 활약으로 인해 긴 카덴차가 작곡되었다.

미주

1. 이 도표는 송무경, 『연주자를 위한 조성음악분석 1』(서울: 예솔, 2018), 67쪽에서 가져와 설명을 덧붙였다.

2. William E. Caplin, *Analyzing Classical Form: An Approach for the Classroom* (Oxford and New York: Oxford University Press, 2013). Caplin, *Classical Form: A Theory of Formal Functions for the Instrumental Music of Haydn, Mozart, and Beethoven* (New York: Oxford University Press, 1998).

3. Heinrich Christoph Koch, *Versuch einer Anleitung zur Composition* (Leipzig: Böhme, 1793).

4. 작은3부분형식(small ternary form)은 캐플린(William Caplin), 축소3부분형식(incipient ternary form)은 베리(Wallace Berry)가 명명한 용어이다. William E. Caplin, Classical Form (New York: Oxford University Press, 1998), 195-237;___, *Analyzing Classical Form: An Approach for the Classroom* (New York: Oxford University Press, 2013), 71-93; Wallace Berry, Form in Music, 2nd edition (NJ: Prentice Hall, 1986), 41.

5. 서양음악사의 저명한 두 저술인 타루스킨의 『옥스퍼드 서양음악사』와 그라우트의 『서양음악사』는 순환2부분형식을 설명할 때 두 번째 부분에서 처음의 주제와 조성이 모두 재현되는 '이중복귀'의 중요성을 강조하였다. Richard Taruskin, *The Seventeenth and Eighteenth Centuries: Oxford History of Western Music*, vol. 2 (New York: Oxford University Press, 2010), 8715; Peter Burkholder, Donald Jay Grout, & Claude V. Palisca, *A History of Western Music*, 9th edition (NY: W. W. Norton & Company, 2014), 503-504.

6. Michael Tilmouth, "Repeat," Grove Music Online; Accessed 27 Dec. 2022. https://www-oxfordmusiconline-com-ssl.access.yonsei.ac.kr:8443/grovemusic/view/10.1093/gmo/9781561592630.001.0001/omo-9781561592630-e-0000023214.

7. Burkholder, Grout & Palisca, *A History of Western Music*, 505.

8. Johann Mattheson, *Das neu-eröffnete Orchestre* (Hamburg: B. Schiller, 1713).

9. Ⓐ(마디1-24)는 재진술에 해당하는 단락A(마디1-8)와 이탈의 단락B(마디9-14), 그리고 재진술의 기능을 하는 단락A′(마디15-24)로 구성된다. Ⓐ는 일반적인 순환2부분형식과 달리 도돌이표에 의하여 구획되지 않으며, 단락A가 원조의 완전정격종지로 마치며 단락B가 단락A와 대조적 선율로 이루어져 있고, 또한 단락A′의 길이가 새로운 선율의 삽입으로 인하여 확대되었다는 점에서 단순3부분형식으로 분석될 수 있을 것이다. 그러나 단락B가 원조의 딸림화음의 연장으로 나타난다는 점에서 순환2부분형식의 특징도 함께 보인다고 할 수 있다.

10. '리토르넬로'(ritornello)란 16-17세기 성악 장르에서 반복적으로 등장하는 기악 패시지를 일컫는 용어로, 노래로 불리는 절(stanza)의 전주, 간주, 후주로 출현하였다. 다카포 아리아에서 Ⓐ를 구성하는 A와 B의 대조적인 아리아는 일반적으로 짧은 리토르넬로에 의해 구분되며, Ⓑ는 리토르넬로를 갖지 않는 경향이 있다. 리토르넬로는 이후 협주곡 장르에서 독주부와 번갈아 등장하며 '리토르넬로 형식'(ritornello form)으로 발전하였다. 리토르넬로 형식에 대한 자세한 설명은 제6장 "협주곡 형식"을 참고하라.

11. 악곡이 끝나기도 전에 작품의 마무리 단락인 코다가 등장한다는 점에 당혹스러울 수 있다. 그러나 Ⓐ는 진술의 역할 뿐만 아니라 다카포에 의하여 재진술의 역할도 동시에 수행한다는 사실을 고려한다면 이러한 음악적 구성은 설득력이 있다. 이와 유사한 예로 모차르트의 <교향곡 제40번>(*Symphony No. 40*, K. 550)의 제3악장 '미뉴에트'가 있다.

12. 원조 영역(principal tonal area)과 새조 영역(secondary tonal area)은 매티스(James Mathes)가 자신의 저서에서 사용한 용어이다. James Mathes, *The Analysis of Musical Form* (NJ: Pearson Prentice Hall, 2007), 154-155.

13. 제시부의 첫 단락에 해당하는 원조 영역에서는 대체로 종지가 한 차례 등장함에 따라 한 개의 제1주제로 구성되지만, 두 개의 주제로 나타나는 곡도 간혹 발견된다. 예를 들어 모차르트의 <피아노소나타 제12번>(*Piano Sonata No. 12*, K. 332)의 제1악장의 마디1-22에서는 두 차례 등장하는 완전정격종지에 의하여 두 개의 제1주제가 원조 영역을 만든다(마디1-12, 마디13-22).

14. 이처럼 경과구는 화성적으로 이후 등장하는 새로운 조성의 영역을 자연스럽게 연결시키지만, 디자인적인 측면에서는 새로운 조성의 영역과의 구획을 만들기도 한다. 헤포코스키와 다아시는 경과구의 끝을 원조 영역과 새조 영역으로 나누게 하는 짧은 휴지를 중간휴지부(medial caesura)로 명명하였다. James Hepokoski & Warren Darcy, *Elements of Sonata Theory: Norms, Types, and Deformation in the Late-Eighteenth-Century Sonata* (NY: Oxford University Press, 2006).

15. 대부분의 고전주의 작품에서는 제2주제, 종결주제, 코데타로 구성된 새조 영역이 딸림조 혹은 관계상조로 나타나지만, 낭만주의를 예고하는 베토벤의 중기 이후의 작품부터는 3도 관계로 나타나기도 한다. 예를 들어, 베토벤의 <피아노소나타 제16번>(*Piano Sonata No. 16*, Op. 31, No. 1) 제1악장에서는 새조 영역이 원조의 가온조(mediant key)인 B단조로 나타나며, <피아노소나타 제21번>(*Piano Sonata No. 21*, Op. 53), <발트슈타인>(*Waldstein*)의 제1악장에서는 반음계적 3도(chromatic 3rd) 위인 E장조로 등장한다. 이외에도 브람스(Johannes Brahms, 1833-1897)의 <피아노소나타 제1번>(*Piano Sonata No. 1*, Op. 1)의 제1악장에서는 버금가온조(submediant key)인 A단조로 나타나기도 한다.

16. 단일주제 제시부의 대표적인 예로 하이든의 <피아노소나타 제59번>(*Piano Sonata No. 59*, XVI: 49), 제1악장을 들 수 있다. 제1주제(마디1-12)는 E♭장조이며, 경과구(마디13-24)를 거쳐 제2주제가 마디25에서 딸림조인 B♭장조로 시작된다. 이때 제1주제와 제2주제가 동일하게 시작하기 때문에, 이 곡은 단일주제 제시부로 나타난다고 할 수 있다.

17. Hepokoski & Darcy, *Elements of Sonata Theory: Norms, Types, and Deformation in the Late-Eighteenth-Century Sonata*. 제시부 필수종결점에 상응하는 재현부의 원조에서의 종지를 '구조적필수종결점'(essential structural closure: ESC)라고 부르는데, 이에 대한 사항은 재현부에서 다시 다루고자 한다.

18. 겹침종지란 종지가 이루어지는 현상을 묘사하는 용어로 앞 악구의 종지 지점이 뒤 악구의 시작점이 될 때를 뜻한다.

19. 이러한 의미에서 마디174, 즉 재현부에서 제2주제가 끝나는 원조의 강한 완전정격종지는 이 악곡의 구조적필수종결점(ESC)이다.

20. 예를 들어, 베토벤의 <피아노소나타 제21번>(*Piano Sonata No. 21*, Op. 53), '발트슈타인'(*Waldstein*)의 제1악장에서는 62마디 길이의 꽤 긴 코다(마디249-302)가 나타난다. 이 악장의 코다에서는 앞에 등장했던 주요 주제들을 다시 회상시킨다. 코다의 시작인 마디249부터 원조인 C장조의 ♭II 영역에서 제1주제의 선율이 그대로 재현되고, 이후 마디284-295에서는 원조인 C장조에서 제2주제를 회상한다.

21. 조성적으로 '닫혔다'는 표현은 원조에서 정격종지함을 의미한다. 이와는 반대로, 원조에서 반종지하거나, 전조하여 정격종지할 때, 이를 '열렸다'고 표현한다. 각각은 제3장 부분형식에서 논의했던, '단락적'과 '연속적'의 동의어에 해당한다.

22. 여기서 나타나는 두 바이올린 사이의 대위 기법은 캐논(canon)이다.

색인

도돌이표 61, 62, 63, 68, 69, 70, 73, 83, 84, 109, 151, 152, 195, 198

도입부 63, 65, 66, 110, 149, 152

독립적경과구 113, 115, 152, 179

독주부 266, 267, 279, 282, 283, 284, 305, 326

독주악기 283

독주제시부 282, 283, 284, 298, 299, 300, 301, 305, 326

독주협주곡 266, 281, 300, 301, 305

동기 211, 223, 268

동형진행 27, 28, 113, 124, 125, 126, 131, 137, 139, 152, 193, 203, 208, 215, 226, 268, 280

뒤바뀐재현부 136, 152

드로브자크 325

디자인 24, 26, 27, 30, 31, 33, 34, 36, 50, 52, 54, 60

딸림 예비화음 14

딸림7화음 113, 120, 123, 124, 126, 131, 132, 133, 141, 143, 146, 148, 149, 200, 203

딸림조 54, 59, 61, 70, 84, 111, 112, 113, 115, 116, 151, 179, 183, 208, 220, 265, 268, 282, 284

딸림화음 12, 13, 14, 15, 16, 17, 23, 52, 60, 61, 67, 69, 73, 78, 83, 84, 109, 110, 111, 113, 115, 124, 127, 128, 130, 131, 132, 133, 135, 139, 143, 149, 152, 179, 186, 194, 209, 212, 216, 217, 221, 223, 226, 282, 283, 284, 298, 299

라모 226

라이샤 112

레하르 108

론도 180, 181, 189, 192, 193, 208, 226, 227, 264, 265

론도형식 15, 180, 181, 208, 211, 227, 264, 265

륄리 226

르네상스시대 226

리스트 301

리토르넬르 82, 83, 226, 267, 268, 278, 279, 280, 282, 283, 300, 305

리트로넬로형식 266, 267, 281, 300, 301, 305, 326

리펠 25

리프레인 180, 227

링크 67, 182

마드리갈 266

마르첼로 325

마르크스 112

마테존 25, 226

말러 25, 70, 226

멘델스존 66, 107, 226, 301, 302

모노디 266

모방 124, 131, 208, 215, 278, 301

모음곡 70, 73, 151

모차르트 15, 24, 26, 29, 37, 39, 58, 60, 61, 91, 107, 108, 113, 119, 120, 121, 122, 123, 124, 130, 132, 133, 135, 136, 137, 142, 143, 144, 145, 146, 148, 151, 154, 161, 169, 178, 182, 183, 185, 186, 188, 190, 191, 226, 236, 264, 282, 283, 284, 298, 299, 300, 305, 325

모티브 28, 143, 148, 298

몬테베르디 83

미뉴에트 68, 70, 83, 84

민속음악 58

바로크시대 54, 62, 70, 73, 78, 83, 151, 180, 266, 281, 301, 305, 326

바로크협주곡 267, 281, 282, 283, 300, 325

바이올린협주곡 266, 305

바흐 264, 300

반복 61, 62, 70, 116, 118, 119, 122, 125, 126, 131, 144, 145, 146, 198, 201, 204, 206, 208, 213, 217, 218, 220, 223, 224, 227, 265, 267, 268, 279, 284, 305

반복대조악절 32, 33, 34, 36, 50

반복악구 24, 32, 36, 50

반복악절 24, 32, 36, 50

반복유사악절 32, 36, 50

반음계적화음 113

반종지 12, 13, 15, 17, 23, 24, 26, 27, 28, 29, 31, 32, 33, 52, 54, 55, 56, 59, 111, 116, 122, 179, 181, 182, 184, 193, 201, 208

발레 226

발전부 110, 111, 112, 114, 123, 124, 125, 127, 128, 130, 132, 133, 135, 140, 144, 147, 151, 152, 179, 180, 208, 214, 215, 227, 265, 282, 283, 284, 299, 301, 326

버금가온조 64

버금가온화음 73, 298

버금딸림조 64, 112, 135, 137, 185

버금딸림화음 28, 126

저자 소개

송무경
연세대학교 음악대학 작곡과 학사
미국 Univ. of Texas at Austin 음악이론 석사 및 박사
현재 연세대학교 작곡과 교수, 한국서양음악학회 회장

안소영
한양대학교 음악대학 작곡과 학사 및 동대학원 음악이론 석사
미국 SUNY at Buffalo 음악이론 박사
현재 건국대학교 음악교육과 부교수, 한국서양음악이론학회 부회장

김예진
연세대학교 음악대학 작곡과 학사 및 동대학원 음악이론 석사
미국 Ohio State Univ. 음악이론 박사
현재 추계예술대학교 국제학부 조교수, 한국서양음악이론학회 교육위원장

김유미
연세대학교 음악대학 작곡과 학사 및 동대학원 음악이론 석사
미국 Univ. of Wisconsin-Madison 음악이론 석사
미국 Temple Univ. 음악이론 박사
현재 연세대학교, 경희대학교 교육대학원 강사

노재현
서울대학교 음악대학 작곡과 작곡전공 학사 및 동대학원 석사
프랑스 Univ. Paris 8 음악학 석사 및 박사
현재 가천대학교, 명지대학교, 성신여자대학교, 세종대학교, 중앙대학교 강사
(사)한국작곡가협회, (사)음악미학연구회, ACL-Korea 이사

송세라
한양대학교 피아노과 학사
동대학원 피아노 석사 및 서양음악이론 박사
현재 단국대학교, 숙명여자대학교, 세종대학교, 한양대학교 강사

신동진
연세대학교 음악대학 작곡과 학사 및 동대학원 음악이론 석사
미국 Univ. of North Texas 음악이론 석사
미국 Univ. of Florida 음악학 박사
현재 연세대학교, 서울시립대학교, 성신여자대학교, 건국대학교, 한양대학교 강사

정희원
서울대학교 음악대학 작곡과 이론전공 학사 및 동대학원 석사
미국 Univ. of Michigan at Ann Arbor 음악이론 박사
현재 서울대학교, 한국예술종합학교, 한양대학교 강사